EL EVANGELIO DE HOY

The Gospel for Today

New Evangelistic Sermons
FOR A NEW DAY

Reuben A. Torrey

Donando por Alianza Prision
Escribenos una para unirse
a el estudio de Biblico de CLI
PO Box 97095 Raleigh NC 27624

EL
EVANGELIO
DE
HOY

Nuevos sermones de evangelización
PARA UN NUEVO DÍA

Reuben A. Torrey

ANEKO
PRESS

Nos encanta escuchar a nuestros lectores. Por favor, contáctenos en www.anekopress.com/questions-comments si tiene cualquier pregunta, comentario o sugerencia.

El evangelio de hoy
© 2024 por Aneko Press
Todos los derechos reservados. Primera edición, 1922.
Revisiones de copyright 2024.

Por favor, no reproduzca, almacene en un sistema de recuperación ni transmita de ninguna forma ni por ningún medio (electrónico, mecánico, fotocopia, grabación o de otro tipo) sin el permiso por escrito del editor. Comuníquese con nosotros a través de www.AnekoPress.com para obtener permisos de reimpresión y traducción.

A menos que se indique lo contrario, las citas bíblicas están tomadas de La Biblia de las Américas® (LBLA), derechos de autor © 1986, 1995, 1997 por The Lockman Foundation. Utilizado con permiso. www.Lockman.org.

Diseño de portada: Jonathan Lewis
Traducción al español: A. C. Nieto
Editor: K. F. Handley

Aneko Press
www.anekopress.com
Aneko Press, Life Sentence Publishing y nuestros logos son marcas registradas de Life Sentence Publishing, Inc.
203 E. Birch Street
P.O. Box 652
Abbotsford, WI 54405

RELIGIÓN / Cristianismo / General
ISBN del libro de bolsillo: 979-8-88936-282-1
ISBN del libro electrónico: 979-8-88936-283-8

10 9 8 7 6 5 4 3 2 1
Disponible donde se venden libros

Contenido

Prefacio vii

Cap. 1: El sermón de un incrédulo convertido 1

Cap. 2: El punto central de la Biblia 15

Cap. 3: La frase más hermosa que se haya escrito 31

Cap. 4: El único evangelio que tiene poder salvador 49

Cap. 5: La gran atracción: el Cristo exaltado 63

Cap. 6: La pregunta más importante del día 79

Cap. 7: Grandes cosas y cómo cualquiera puede conseguirlas 93

Cap. 8: Noé y el arca 107

Cap. 9: El contraste entre el tiempo y la eternidad 123

Cap. 10: Vida eterna o la ira de Dios: ¿cuál elegirán? 133

Cap. 11: Una cura perfecta para la pobreza y todos los demás males de la actualidad 147

Cap. 12: Jesús es el Cristo, el Hijo de Dios 163

Cap. 13: ¿A quién le creeremos? ¿A Dios, o al hombre? 177

Reuben A. Torrey – Una breve biografía 191

Otros libros publicados por Aneko Press 193

Prefacio

Pastores, evangelistas y editores me han demandado repetida e insistentemente más sermones evangelizadores. He sentido la fuerza de estas demandas y por fin cedo a ellas publicando este nuevo volumen de sermones.

En su mayor parte, prediqué estos sermones a mi propia congregación en Los Ángeles en los últimos meses y, en Su maravillosa gracia, Dios ha considerado oportuno bendecirlos. Los usó para la conversión de muchas personas, la gran mayoría de las cuales han sido hombres de edades comprendidas entre los veinticinco y los cincuenta años, pero ha habido algunos hombres de edad más madura convertidos, incluso hasta los setenta u ochenta años de edad. También ha habido algunas conversiones notables entre las mujeres. Nos ha interesado mucho en nuestras reuniones posteriores el número de judíos y católicos romanos que recientemente han hecho una profesión pública de aceptar a Cristo, muchos de los cuales luego se han unido a nuestra iglesia, la Iglesia de la Puerta Abierta. No pocos de los convertidos eran personas consideradas escépticas, agnósticas, incrédulas y ateas, así como un buen número de practicantes de la Cienciología Cristiana.

El evangelio presentado en estos sermones es el evangelio

mismo de un Cristo crucificado, Salvador de la culpa del pecado, y de un Cristo resucitado, Salvador del poder presente del pecado, que hemos estado predicando a lo largo de todo nuestro ministerio como pastor y como evangelista en todo el mundo. Sin embargo, ciertamente estamos viviendo en un nuevo día. La guerra (Primera Guerra Mundial) y sus consecuencias han producido una transformación radical en las perspectivas éticas y religiosas, así como sociales y económicas, en las mentes de los hombres y mujeres de hoy. Sin embargo, encontramos que el mismo evangelio que era *poder de Dios para salvación* antes de la guerra y desde los días del apóstol Pablo (Romanos 1:16), es el evangelio que los hombres escucharán y al que se rendirán hoy. Todos estos nuevos evangelios, el "evangelio social" y el resto, están demostrando ser completamente ineficaces para salvar a individuos o para levantar comunidades. Cuando se predica en el poder del Espíritu Santo, el verdadero evangelio produce hoy en las vidas individuales y en la transformación de las familias y comunidades los mismos efectos que produjo a lo largo de todos los siglos desde que nuestro Señor Jesucristo murió en la cruz del Calvario, resucitó y ascendió a la diestra del Padre. Luego derramó Su Espíritu Santo sobre Su pueblo. Los resultados prácticos demuestran que no es necesario reformular el verdadero evangelio; por supuesto, sin embargo, es deseable adaptar las ilustraciones y el método de argumentación al pensamiento de nuestros días.

Parece haber un gran despertar religioso en Escocia y en algunas partes de Irlanda e Inglaterra, y hay indicios aquí y allá de un despertar en nuestra propia tierra. No se puede negar que muchos pastores plenamente evangélicos y muchos de nuestros laicos más inteligentes están cansados de algunos de los métodos de evangelización que han estado de moda en nuestro propio país durante los últimos años. Esto no significa ni por un momento que no crean en la evangelización o en verdaderos avivamientos.

Parece que ahora estamos maduros para un avivamiento y se espera que estos sermones resulten útiles para promover ese avivamiento genuino tan ansiado y por el que se ora con fervor. Esperamos que puedan ser de ayuda para los pastores en su deseo de convertirse en sus propios evangelistas y para aquellos evangelistas que Dios ha elegido. Esperamos que puedan usarse directamente para la salvación de muchas almas al ser puestos en manos de hombres, mujeres y niños que no son salvos y necesitan un Salvador. Ha sido un gran gozo para este autor recibir cartas de diferentes partes del mundo, de toda clase de personas, diciendo que habían sido guiados a Cristo mediante la lectura de informes impresos de sus sermones.

En nuestra propia iglesia hemos descubierto que no ha sido necesario presentar películas u otras funciones sensacionales para atraer a las multitudes. Nunca hemos tenido una película ni nada por el estilo en nuestra iglesia y no esperamos tenerlas. Y, sin embargo, las audiencias de los domingos por la tarde en las que se predican estos sermones han sido probablemente más numerosas que las de cualquier otra iglesia de la comunidad, incluso aquellas que recurren al cine como medio para atraer a una multitud. De hecho, creemos que no hay ningún otro edificio utilizado para servicios religiosos en la ciudad que pueda albergar a las miles de personas que han escuchado estos sermones nocturnos, domingo tras domingo. En el quinto sermón de este libro se afirma cuál es la gran atracción que lleva a hombres y mujeres a la casa de Dios, así como a una vida mejor.

Reuben A. Torrey
Los Ángeles, CA

Capítulo 1

El sermón de un incrédulo convertido

Y enseguida se puso a predicar a Jesús en las sinagogas, diciendo: Él es el Hijo de Dios (Hechos 9:20).

Encontrarán el texto en Hechos 9:20: *Y enseguida se puso a predicar a Jesús en las sinagogas, diciendo: Él es el Hijo de Dios*. Quizás nunca haya habido una audiencia más asombrada que la que escuchó a Saulo de Tarso predicar su primer sermón en Damasco. Saulo era conocido en todas partes como alguien que odiaba a Jesucristo e, incluso, perseguidor de los cristianos. Había viajado a Damasco con el propósito expreso de destruir a la Iglesia, arrestar a todos los creyentes en Jesucristo y arrastrarlos a Jerusalén para recibir castigo y muerte. Es poco probable que exista hoy un infiel tan amargo como Saulo de Tarso y, sin embargo, en su primera aparición pública en Damasco, este mismo Saulo de Tarso predicó un sermón de tremendo poder, declarando y demostrando que Jesús es el Hijo de Dios. Si consideran dos cosas con seriedad y honestidad, es posible que algunos de ustedes se conviertan. Lo primero que hay que mirar es al predicador en el texto y lo segundo es el mensaje del predicador.

El predicador

Veamos primero al predicador. El predicador fue Saulo de Tarso. Al mirarlo, quiero presentar tres buenas razones por las cuales el mensaje de este predicador en particular debe llamar la atención y debiera aceptarse. En conjunto, estas tres razones demuestran que el mensaje es indudablemente cierto.

Al principio, había odiado al Jesús que ahora proclamaba. Saulo no había sido educado para creer que Jesús era el Hijo de Dios y, por lo tanto, no lo predicó porque era lo que le habían enseñado a creer desde la niñez. Hay muchos que dicen de nuestros predicadores modernos: "Oh, él cree eso y lo predica simplemente porque es lo que sus padres y sus primeros maestros le enseñaron a creer". Pero no se puede afirmar eso de Saulo de Tarso. La doctrina de que Jesús era el Hijo de Dios no era algo que Saulo hubiera adoptado sin pensarlo debidamente, ni algo que hubiera heredado de sus padres y de sus primeros maestros.

Saulo se había opuesto a esta doctrina con todo el vigor de un alma intensa. Había recorrido las calles de la ciudad de Jerusalén, entrado y salido de las casas, arrestado a hombres, mujeres y niños sin otra razón que el hecho de que creían que Jesús era el Hijo de Dios y confesaban su fe en Él como tal. Había asistido a sus juicios y votado a favor de su muerte. Nada parecía causarle mayor alegría que la muerte violenta de algún cristiano. Había participado del asesinato del primer mártir cristiano, Esteban.

Y no solo eso, sino que cuando agotó todas las oportunidades de demostrar su odio hacia los cristianos en Jerusalén de manera violenta, su odio hacia Cristo y el cristianismo no quedó satisfecho y buscó y obtuvo autoridad para ir a Damasco a continuar allí con su trabajo de oposición y destrucción. Entonces, cuando un hombre así cambia completamente y dice: "Me equivoqué; estaba completamente equivocado. Estaba terriblemente equivocado al negar que Jesús era el Hijo de Dios", entonces debemos prestar especial atención a su cambio de opinión, porque debe haber tenido alguna buena razón para ello.

Además, se sacrificó por su testimonio y cambio de opinión. Ese cambio de Saulo le costó mucho, por lo que su testimonio debe tener gran peso. Le costó todo lo que poseía en términos mundanos. Le costó la pérdida de una posición de gran influencia y potencial y la pérdida de todos sus viejos amigos. Le costó la persecución más severa: arresto tras arresto, prisión tras prisión, flagelación tras flagelación, lapidaciones, insultos e intento de asesinato. Le costó tener que vivir en la calle y pasar hambre y desnudez; le costó sufrimientos del tipo más intenso y peligros de magnitud indescriptible. Cuando un hombre de prestigio y educación como Saulo de Tarso hace sacrificios como ese para cambiar de opinión, esa nueva opinión por cierto exige gran consideración.

Por supuesto, los hombres cambian constantemente de opinión porque van a ganar algo con el cambio. Muchos republicanos se convierten en demócratas y muchos demócratas se convierten en republicanos debido a algún beneficio personal que les llegará de una forma u otra gracias al cambio. Y, por supuesto, un cambio de opinión en un caso como esos no merece mucha consideración.

Algunos cristianos profesos se han vuelto infieles, infieles declarados, porque podían ganar dinero con el cambio o porque habían pecado. La verdad del cristianismo les causaba vergüenza y deseaban limpiar sus conciencias o deseaban obtener algún otro beneficio con el cambio de opinión.

Cuando estaba en Sidney, Australia, urgieron a un hombre a que fuera a escuchar mi discurso, pero él respondió que no lo haría porque había sido predicador y misionero en el pasado y había descubierto que todo el asunto era una patraña. Me tomé el tiempo para investigar la historia del hombre y descubrí que su cambio de opinión no se debía a información y estudios adicionales que le habían demostrado que el cristianismo no era cierto. En cambio, cuando fue misionero, se metió en problemas por su inmoralidad y fue expulsado de la misión como correspondía. Esto fue lo que lo llevó a cambiar su opinión sobre el cristianismo y a optar por la incredulidad. Pero cuando un hombre de gran inteligencia cambia de opinión, sacrifica todo lo que los hombres aprecian por ese cambio y el cambio transforma su carácter, entonces uno debe observar de cerca qué causó el cambio. Cuando el hombre que cambia es un hombre como Saulo de Tarso, quien se convirtió en el apóstol Pablo, cualquiera que sea honesto dudará mucho antes de decir que Saulo se equivocó al cambiar.

Pero hay otra razón, mejor aún que esa, por la que la opinión de Saulo debe tener gran peso. De hecho, es tan absolutamente concluyente que si somos completamente honestos, debemos decir que Saulo ciertamente tenía razón en lo que dijo, y que Jesús es quien Saulo dijo que era, el Hijo de Dios. ¿Por qué cambió Saulo de opinión, de creer que Jesús era un impostor y un blasfemo a la de creer que Jesús era el Hijo de Dios? El propio Saulo nos cuenta por qué cambió de opinión. Dijo que fue porque cuando se acercaba a Damasco para arrestar a los cristianos y llevarlos a Jerusalén para ser castigados, a la hora del mediodía de repente brilló alrededor de él una gran luz del cielo. Por encima de la luz del sol del mediodía, y en esa luz vio el rostro y la forma de Jesús que había sido crucificado, pero que ahora había resucitado y era glorificado. Oyó *una voz que decía: Saulo, Saulo, ¿por qué me persigues?* Y cuando preguntó quién le hablaba, la figura que estaba allí en la gloria dijo: *Yo soy Jesús el Nazareno, a quien tú persigues* (Hechos 22:6-8, 16-18; cf. 9:5-6).

Ahora bien, si Saulo de Tarso realmente vio a Jesús en gloria, y si Jesús le dijo a Saulo lo que Saulo aseguró que dijo, y si Saulo fue comisionado en aquel tiempo, como dijo, para ser el representante autorizado de este mismo Jesús, entonces Jesús ciertamente es el Hijo de Dios. No queda lugar para el debate al respecto. Pero surge la pregunta: ¿Saulo realmente vio a Jesús de esta manera y lo escuchó decir las cosas que dijo que hizo? O fue así, o Saulo era un mentiroso e inventó la historia, o se equivocó y sufrió una insolación o algo parecido que hizo que se imaginara que eso había pasado.

¿Mintió e inventó la historia? Esta suposición no es creíble. No había ninguna razón para que dijera esa mentira; no ganaba nada con mentir y, más bien, tenía mucho que perder. Los hombres no inventan mentiras con el fin de sacrificar posición, hogar, dinero, comodidad, tranquilidad, reputación, el amor de los amigos y todo lo que aprecian en la vida. Se descarta, entonces, la suposición de que Saulo de Tarso mintiera sobre este asunto. ¿Fue Pablo víctima de un espejismo y una invención a causa de una insolación, un relámpago y un trueno (que confundió con la voz de Jesús), una imaginación exagerada o algo por el estilo que hizo que imaginara ver algo que no vio y escuchar algo que no escuchó?

A esto diríamos que el registro y los hechos bien comprobados del caso hacen imposible esta explicación. Saulo no fue el único que vio la luz porque los que viajaban con él también la vieron, así que no pudo haber sido su imaginación. Y los que viajaban con él no solo vieron la luz, sino que también oyeron la voz, aunque no distinguieron el mensaje que se decía. Además, Pablo estuvo ciego durante tres días y eso no fue un engaño.

Había también otro hombre, Ananías, que vio a Jesús en visión, y este Jesús a quien vio en la visión dijo: *Levántate y ve a la calle que se llama Derecha, y pregunta en la casa de Judas por un hombre de Tarso llamado Saulo, porque, he aquí, está orando, y ha visto en una visión a un hombre llamado Ananías, que entra y pone las manos sobre él para que recobre la vista* (Hechos 9:11-12). Ananías primero se negó a ir, diciendo: *Señor, he oído de muchos acerca de este hombre, cuánto mal ha hecho a tus santos en Jerusalén, y aquí tiene autoridad de los principales sacerdotes para prender a todos los que invocan tu nombre* (Hechos 9: 13-14). Pero el Señor que se le apareció en la visión insistió en que fuera, y él obedeció. Encontró a Saulo donde el Señor Jesús le había dicho en la visión que lo encontraría, y *entró en la casa, y después de poner las manos sobre él, dijo: Hermano Saulo, el Señor Jesús, que se te apareció en el camino por donde venías, me ha enviado para que recobres la vista y seas lleno del Espíritu Santo* (Hechos 9: 17).

E inmediatamente se cayeron las escamas de los ojos de Saulo y éste recobró la vista. Aquí no hay absolutamente ningún lugar para la teoría del engaño y la imaginación por parte de Pablo. ¿Alguien dijo que toda la historia de Hechos es ficticia? Que la estudien. Desafío a cualquier abogado o crítico histórico honesto a estudiar esta historia con atención y franqueza, con el deseo de descubrir si es verdad o ficción; que vean si esta historia no lleva las marcas inequívocas de la verdad.

En el siglo XVIII, el racionalismo había arrasado con todo lo anterior en Inglaterra. Había muy pocos, incluso entre el clero, que todavía creían en lo sobrenatural, pero quedaban algunos restos de fe en los milagros y la exactitud histórica de la Biblia, por lo que los racionalistas de la época designaron a dos de sus razonadores más capaces para emprender una campaña para la destrucción de lo que quedaba de fe en lo sobrenatural. Seleccionaron a Lord Lyttelton, un hábil abogado, y a Sir Gilbert West, secretario del Consejo Privado. Estos dos hombres planearon una campaña para la destrucción de la creencia en lo sobrenatural. Uno de ellos le dijo al otro: "Si queremos destruir la fe en lo sobrenatural, hay dos supuestos incidentes en la Biblia que debemos demostrar que son leyenda o mito. Uno es la supuesta resurrección de Jesucristo de entre los muertos y el otro es la supuesta conversión de Saulo de Tarso".

Lord Lyttelton le dijo a Sir Gilbert West: "Bueno, tomaré

la historia de la conversión de Saulo de Tarso tal como está registrada en los Hechos de los Apóstoles y mostraré que no es un hecho histórico sino una leyenda". Y Sir Gilbert West respondió que tomaría la historia de la supuesta resurrección de Jesucristo, y demostraría que no era un hecho histórico sino una leyenda o un mito.

Entonces West le dijo a Lyttelton: "Contaré con usted para obtener mi material bíblico, porque debo confesar que estoy algo oxidado en cuanto a la Biblia".

Lyttelton respondió: "Tenía la intención de depender de usted para mi material bíblico, porque también estoy algo oxidado en cuanto a la Biblia". Entonces uno de ellos dijo: "Bueno, debemos ser sinceros y estudiar cuidadosamente los registros de la Biblia". Se reunieron varias veces mientras preparaban sus libros. En una de esas ocasiones, Lyttelton dijo: "West, mientras estudiaba el registro de la Biblia, mi postura se ha visto un poco afectada".

West respondió: "Bueno, me alegra oírlo de usted, porque confieso que a medida que he estado estudiando los registros relacionados con la resurrección de Cristo, también *mi* postura se resquebraja". Pero continuaron y completaron sus libros.

En una última conferencia, West le dijo a Lyttelton: "¿Ha escrito su libro?".

Él respondió: "Sí, lo hice, pero al estudiar los hechos tal como se presentan en la Biblia y aplicarles los cánones de evidencia utilizados en los tribunales, quedé satisfecho de la veracidad del registro bíblico. Saulo de Tarso se convirtió, tal como está registrado en el capítulo noveno de los Hechos de los Apóstoles".

Luego añadió: "¿Usted ha escrito su libro?".

"Sí", respondió Sir Gilbert West, "he escrito mi libro, pero al examinar la evidencia sobre la resurrección de Jesucristo tal como se encuentra en la Biblia, he quedado satisfecho de que Jesucristo *sí* resucitó de entre los muertos, así como está registrado en los Evangelios, y he escrito mi libro en apoyo a esas pruebas".

Cualquiera que haga lo que hizo este talentoso abogado y se siente a estudiar cuidadosamente la conversión de Saulo de Tarso, tal como se relata en tres lugares diferentes en los Hechos de los Apóstoles y como se menciona en las Epístolas, con un sincero deseo de saber si es verdad o ficción, se verá obligado a llegar a la misma conclusión que Lord Lyttelton.

Llegamos entonces a este punto: que Saulo de Tarso pasó de ser un acérrimo incrédulo a un ser creyente en Jesucristo y predicó que "Jesús es el Hijo de Dios" porque Jesucristo se le apareció en gloria como el Hijo de Dios. Saulo de Tarso realmente lo vio y Jesucristo nombró a Saulo como Su representante autorizado. Ha quedado absolutamente establecido, no como una especulación teológica, sino como un hecho histórico establecido mediante testimonio y evidencia concluyentes, que Jesús es el Hijo de Dios.

El mensaje del incrédulo convertido

Ahora podemos pasar de una consideración del predicador a una consideración del mensaje del predicador. ¿Cuál fue el mensaje del predicador? ¿Cuál fue el mensaje que este infiel convertido llevó al pueblo de Damasco y nos trae hoy? Su mensaje se puede resumir en una breve oración: Jesús es el Hijo de Dios.

Miren cómo Saulo se paró allí y lo proclamó. Estaba allí como alguien que unos días antes odiaba amargamente a Jesucristo y al cristianismo. Era un hombre que se había manchado las manos con sangre cristiana, un hombre que había ido a Damasco con el expreso propósito de arrestar a hombres y mujeres porque creían en Jesús de Nazaret como el Cristo, el Hijo de Dios, y profesaban su fe en Él. A su alrededor estaban los judíos y otras personas que habían oído hablar de él como el enemigo más acérrimo que tenía la causa de Jesucristo y como un hombre que no se detenía ante nada en sus esfuerzos por acabar con el cristianismo. Para su asombro, Saulo les declaró que, basándose en un testimonio indiscutible, había descubierto que este Jesús a quien había perseguido, era el Hijo de Dios. Pero Dios mismo está entre los oyentes, proclamando este mismo mensaje. Miremos de cerca este mensaje.

Observemos primero que el mensaje no es que Jesús sea un buen hombre o incluso el mejor hombre que jamás haya existido en esta tierra; no, el mensaje es que JESÚS ES EL HIJO DE DIOS. Es decir, Él es un hombre que está absolutamente aparte de todos los demás hombres y aunque es un hombre, es más que un hombre. Él es de origen divino, participa de todos los atributos de la Deidad y debe ser honrado y adorado así como se honra y adora a Dios Padre.

Y en segundo lugar, tengamos en cuenta que el mensaje no es simplemente que Jesús es un gran maestro, sino que Jesús también es el Hijo de Dios. Luego observemos que el mensaje no es solo que Jesús es un hombre perfecto y nuestro ejemplo, sino que Jesús es también el Hijo de Dios.

Jesús es el Hijo de Dios. ¿Qué implica esto?

Confianza absoluta

En primer lugar, implica una confianza absoluta y de todo corazón en Él. Si Jesús es el Hijo de Dios, entonces puedo confiar en Él absolutamente y de todo corazón. No puedo confiar absolutamente y de todo corazón en ningún hombre, por muy bueno que sea. No podría confiar absoluta y totalmente en ningún hombre. La Palabra de Dios es cierta y verdadera cuando dice: *Así dice el Señor: Maldito el hombre que en el hombre confía* (Jeremías 17:5). Si Jesús no es simplemente un hombre, si es divino, si es el Hijo de Dios, si es Dios manifestado en forma humana, entonces puedo confiar en Él absolutamente, y eso es lo que Él exige que haga.

La noche antes de Su crucifixión, Jesús exigió de Sus discípulos la misma confianza absoluta que depositaban en Dios Padre. Dijo: *No se turbe vuestro corazón; creed en Dios, creed también en mí* (Juan 14:1). Como Él es el Hijo de Dios, tenía derecho a exigir que los hombres pusieran su absoluta confianza en Él. Si hubiera sido tan solo un hombre, incluso el mejor de los hombres, no habría exigido que estos hombres trajeran la maldición de Dios sobre sus cabezas al poner su absoluta confianza en Él. Pero por ser Hijo de Dios y por ser Dios manifestado en carne, podía decir: *Creed en Dios, creed también en mí*. Y eso es lo que Él nos está diciendo a cada uno de nosotros; eso es lo que Él nos exige.

Salvación del pecado

Entonces, creer que Jesús es el Hijo de Dios también implica que no solo confiemos en Él absolutamente y de todo corazón de manera general, sino que también confiemos en Él específicamente para la salvación: la salvación de la culpa del pecado y la salvación del poder del pecado. No importa nuestra total perdición, no importa cuántos pecados hayamos cometido, no importa cuán completamente estemos en el poder del pecado en este momento, Jesús es el Hijo de Dios y, según Su propia Palabra, Él murió en la cruz del Calvario por nosotros. Como Hijo de Dios, Él pudo hacer una expiación perfecta por el pecado y en el momento en que confiamos en Él, todos nuestros pecados son perdonados.

Además, como Él es el Hijo de Dios, tiene poder para salvarnos del poder del pecado. El pecado puede ser más fuerte que nosotros, Satanás puede ser más fuerte que nosotros; ambos son fuertes, pero no tanto como el Hijo de Dios y este Hijo de Dios se compromete a salvar del poder del pecado a todos los que ponen su confianza en Él. También dijo: *Así que, si el Hijo os hace libres, seréis realmente libres* (Juan 8:36). Como Hijo de Dios, tiene poder para liberar del poder del pecado a cualquiera que ponga su confianza en Él.

Rendición

Además de ser salvos del poder del pecado, la fe real en que Jesús es el Hijo de Dios implica entregarle nuestra vida. Si Jesús es divino, si es el Hijo de Dios, si es Dios manifestado en carne, entonces debemos entregarle todo lo que somos y todo lo que tenemos. Eso es lo que Él exige de nosotros y tiene derecho a exigírnoslo. Recordemos: ¡Jesús es el Hijo de Dios! ¿Le has entregado toda tu vida a Él? Si no lo has hecho, ¿se la entregarás ahora?

La verdadera creencia de que Jesús es el Hijo de Dios también implica entregarle nuestros pensamientos. Si Jesús es el Hijo de Dios, entonces es infalible; nunca puede equivocarse. Por lo tanto, si un hombre, por muy erudito que sea, por muy alto que esté en los círculos de la educación y la cultura, dice una cosa, y Jesús, el Hijo de Dios, dice otra, entonces ningún hombre que realmente crea que Jesús es el Hijo de Dios dudará un momento en cuanto a quién creerle.

He entregado mis pensamientos absolutamente al control de Jesucristo para que Él los dirija y forme, porque estoy convencido, estoy del todo seguro de que Él es el Hijo de Dios, y le digo a cualquier hombre: "¿Te atreves a establecer tus pobres y miserables opiniones contra las claras declaraciones del Hijo de Dios? Si lo haces, eres un tonto, y por mucho que te resienta esa afirmación, llegará el día en que verás que eres un tonto. Dios quiera que no llegue demasiado tarde como para arrepentirte". Hay poder salvador en esta doctrina de que Jesús es el Hijo de Dios. Salvará a cualquier hombre que lo crea de corazón y actúe en consecuencia.

Esta doctrina traerá vida eterna a cualquiera que la crea, realmente la crea de corazón y demuestre que la cree actuando en consecuencia. El apóstol Juan dice en Juan 20:31: *...estas se han escrito* [es decir, estas cosas escritas en el Evangelio de Juan] *para que creáis que Jesús es el Cristo, el Hijo de Dios; y para que al creer, tengáis vida en su nombre*. Vemos aquí que tan solo al creer que Jesús es el Cristo, el Hijo de Dios, creyéndolo de corazón, cualquiera que así crea obtiene vida eterna.

Creer en esta doctrina también traerá la victoria sobre el mundo. En su primera epístola, Juan dice: *¿Y quién es el que vence al mundo, sino el que cree que Jesús es el Hijo de Dios?* (1 Juan 5:5). El mundo tiene un gran poder, poder para cegar nuestras mentes, poder para quebrantar nuestras resoluciones, poder para degradar nuestras vidas. Las grandes masas de hombres y mujeres están cediendo ante este poder del mundo; están renunciando a sus elevados ideales y transigiendo con cosas que sus propias conciencias condenan: cosas menospreciables y degradantes. El mundo, el espíritu de los tiempos, las ideas que gobiernan en este mundo que *yace bajo el poder del maligno* (1 Juan 5:19) están atacando poderosamente la fe, los principios morales y la conducta de todos nosotros. Ese ataque es demasiado fuerte como para que cualquiera de nosotros lo resista con nuestras propias fuerzas, pero hay una manera de ganar: creer, creer realmente, que Jesús es el Hijo de Dios.

Creo que prácticamente todos en esta audiencia están convencidos de que Jesús es el Hijo de Dios, pero una cosa es estar intelectualmente convencido de algo, y otra muy distinta es realmente creerla de corazón y ceder nuestra voluntad a lo que nuestra mente acepta. ¿Aceptarás hoy a Jesucristo como el Hijo de Dios? ¿Adoptarás hacia Él esa actitud que deberías adoptar hacia alguien que sabes que es el Hijo de Dios? ¿Confiarás en Él absolutamente a partir de este momento? ¿Confiarás en Él a través de Su muerte expiatoria para el perdón de todos tus pecados? ¿Confiarás en Él diariamente por Su poder divino para la liberación del poder del pecado? ¿Le entregarás tu vida absolutamente a Él? ¿Le entregarás tus pensamientos para que Él sea el rector absoluto de tus pensamientos? Depende de cada uno de ustedes responder a esa pregunta. Pueden decir que sí o que no, como quieran. ¿Qué dirán?

Capítulo 2

El punto central de la Biblia

Dios es amor (1 Juan 4:8)

Nuestro tema es "El punto central de la Biblia". Encontrarán el punto central o fundamental de la Biblia en mi texto: 1 Juan 4:8, *Dios es amor*. Esta es una de las frases más cortas jamás escritas y, sin duda, una de las más grandes y profundas. Es inagotable en su significado y alcance. La humanidad ha estado estudiando, escudriñando, reflexionando y explorando esa frase a lo largo de los veinte siglos que han transcurrido desde que se escribió y aún no la han agotado. Se han predicado miles y miles de sermones sobre ese texto, y sin embargo algo nuevo espera a cada predicador que lo estudia y busca exponerlo. Algunos de los más grandes pensadores del mundo han escrito volúmenes, miles de libros dedicados al estudio, exposición y aplicación de esa frase, pero sigue tan fresca y completa como siempre. Está constantemente aportando nuevos tesoros a cada nuevo siglo y a cada nuevo explorador de sus inagotables riquezas. Los hombres y los ángeles reflexionarán sobre esa frase a lo largo de los siglos interminables de la eternidad, y no la agotarán.

El Libro que contiene esa inigualable frase lleva el sello inequívoco de tener a Dios como su autor. La verdad dorada del valor inestimable contenida en esta frase es exclusivamente de la Biblia. Todos los filósofos del mundo jamás lograron descubrir esa asombrosa verdad hasta que Dios la reveló y la Biblia la declaró. El mundo nunca habría sabido que Dios es amor si Dios no hubiera revelado el hecho en Su propia Palabra. Es cierto que hay evidencias de designio benévolo en la naturaleza y en la historia, pero tanto la naturaleza como la historia han sido estropeadas por la obra de Satanás, y por la entrada del pecado en el mundo. Es solo esa interpretación que ofrece la Biblia de la historia, y esa visión del futuro del hombre, la naturaleza y Satanás lo que nos permite ver el amor reinando sobre todo y a través de todo.

Hoy escuchamos muchas cosas sobre las profundas verdades contenidas en las enseñanzas de los grandes filósofos del mundo de los tiempos antiguos y modernos, en filósofos como Sócrates, Platón, Aristóteles, Séneca, Sócrates, Epícteto, Marco Aurelio Antonino, y en las enseñanzas de los grandes fundadores de religiones como Buda, Mahoma, Confucio y Zoroastro. Pero en ninguna de estas enseñanzas encontramos esta gran verdad de que *Dios es amor* ni nada parecido, sino hasta que la Biblia lo revela. Esta verdad se la debemos total y exclusivamente a la Biblia. Debemos acudir entonces a la Biblia para la interpretación de esta verdad.

Esta frase es el punto central de toda la Biblia. Es el gran pensamiento fundamental de la Biblia. Si alguien me pidiera que resumiera en una frase lo que enseña la Biblia, esta sería la frase: *Dios es amor*. De principio a fin, desde Génesis 1:1 hasta Apocalipsis 22:21, la Biblia es un gran himno en constante crecimiento y el tema de ese himno es *Dios es amor*. El amor de Dios es el punto central de toda la Biblia, de cada uno de los sesenta y seis libros que componen el todo completo. El amor de Dios condujo a la creación como se describe en el primer capítulo del Génesis. El amor de Dios llevó al destierro de Adán y Eva del jardín del Edén cuando cayeron, como se registra en el tercer capítulo del Génesis. El amor de Dios condujo a la promesa del Salvador, simiente de mujer, inmediatamente después de la caída de Adán y Eva. El amor de Dios llevó al llamado de Abraham y Jacob a ser una bendición, primero para sus propios descendientes y en última instancia, para toda la raza humana. El amor de Dios condujo a la esclavitud de Israel en Egipto y a su liberación de esa esclavitud cuando llegó el momento oportuno. El amor de Dios llevó a la promulgación de la ley por medio de Moisés en el Sinaí y el amor de Dios llevó al exterminio de los cananeos.

Fue el amor de Dios lo que llevó a plantar a Israel en esa tierra tan maravillosamente adaptada por su configuración natural, y por su ubicación en el mundo entonces inhabitado, para ser el lugar de formación de la nación que traería bendición a toda la tierra y desde el cual nacería el Salvador. El amor de Dios moldeó la historia de Israel a través de todos sus alejamientos de Él. Y el amor de Dios finalmente arrancó a Israel de la tierra que Él les había dado y los dispersó por toda la tierra.

Entonces el amor de Dios los restaurará nuevamente a la tierra que les pertenece por pacto eterno cuando se cumpla el tiempo.[1] El amor de Dios envió a Jesucristo a morir por los hombres pecadores, a resucitar de entre los muertos y a ascender a la diestra del Padre en gloria. Y será el amor de Dios el que Lo enviará de regreso a la tierra cuando llegue la plenitud del tiempo para ese evento más grande en toda la historia de esta tierra. El cielo y todas sus glorias, el infierno y todos sus

---

1   El libro se publicó originalmente en 1922. El 14 de mayo de 1948, David Ben-Gurion, jefe de la Agencia Judía, proclamó el establecimiento del Estado de Israel. El presidente de los EE.UU. Harry S. Truman reconoció a la nueva nación ese mismo día

horrores tienen ambos su origen en el amor de Dios. Sí, *Dios es amor* es el punto central de la Biblia, el secreto de la historia, la explicación de la naturaleza y la solución de los misterios de la eternidad.

Deseo llamar su atención sobre algunas de las maneras en que se manifiesta el amor de Dios. Por supuesto, se necesitarían muchos sermones para contar todas las manifestaciones del amor de Dios, pero podemos mirar algunas de ellas, aunque tomaría toda la eternidad comprenderlas y apreciarlas plenamente.

El amor de Dios se manifiesta en Sus provisiones para nosotros

En primer lugar, el amor de Dios se manifiesta en Su ministración para todas nuestras necesidades y para nuestro máximo gozo. Esto surge una y otra vez en la Biblia. Nuestro Señor Jesús les explicó a Sus discípulos su deber cuando dijo: *Amad a vuestros enemigos y orad por los que os persiguen, para que seáis hijos de vuestro Padre que está en los cielos; porque Él hace salir su sol sobre malos y buenos, y llover sobre justos e injustos* (Mateo 5:44-45). Y mucho más atrás en el Antiguo Testamento, en Deuteronomio 32:9-12, leemos: *Pues la porción del Señor es su pueblo; Jacob es la parte de su heredad. Lo encontró en tierra desierta, en la horrenda soledad de un desierto; lo rodeó, cuidó de él, lo guardó como a la niña de sus ojos. Como un águila que despierta su nidada, que revolotea sobre sus polluelos, extendió sus alas y los tomó, los llevó sobre su plumaje. El Señor solo lo guió, y con él no hubo dios extranjero.*

Esta es una maravillosa imagen del maravilloso amor de Dios. Cada bendición de la vida es una muestra de amor de Dios. Como lo expresa el Espíritu Santo a través del apóstol Santiago en Santiago 1:17: *Toda buena dádiva y todo don perfecto viene* de lo alto, desciende del Padre de las luces, con el cual no hay cambio ni sombra de variación.

Cuando el sol brille con su calor, luz y alegría, levanten la cabeza con gozo y digan: "Esta es una muestra del amor de mi Padre". Cuando miren las flores abiertas, la hierba que crece, los brotes de los árboles en su belleza primaveral, digan: "Toda esta belleza con la que Dios adorna la tierra es otra muestra del amor de Dios por mí". Cuando sientan que la salud y la fuerza corren por sus venas, miren hacia arriba y agradezcan a Dios nuevamente, porque esta es otra muestra de Su amor. Las innumerables bendiciones que recibimos todos los días de nuestra vida, la mayoría de ellas desapercibidas debido a nuestra ceguera e ingratitud, son todas muestras de Su grande y constante amor.

El amor de Dios nos disciplina

En segundo lugar, el amor de Dios por Sus hijos, incluso aquellos que aún no lo son, se manifiesta en Su disciplina cuando lo olvidamos, nos alejamos de Él y caemos en pecado. Esto queda muy claro en este hermoso pasaje de Hebreos 12:6-10:

> *Porque el Señor al que ama, disciplina, y azota a todo el que recibe por hijo. Es para vuestra corrección que sufrís; Dios os trata como a hijos; porque ¿qué hijo hay a quien su padre no discipline? Pero si estáis sin disciplina, de la cual todos han sido hechos participantes, entonces sois hijos ilegítimos y no hijos verdaderos. Además, tuvimos padres terrenales para disciplinarnos, y los respetábamos, ¿con cuánta más razón no estaremos sujetos al Padre de nuestros espíritus, y viviremos? Porque ellos nos disciplinaban por pocos días como les parecía, pero Él*

nos disciplina para nuestro bien, para que participemos de su santidad.

Vemos que el amor de Dios se manifiesta al disciplinarnos y al enviarnos pruebas, dolor, aflicción y tristeza. Muchos no pueden ver prueba alguna del amor de Dios en sus muchas y grandes aflicciones. Les parece que Dios no los ama cuando les permite sufrir penas y pruebas tan pesadas y a veces tan espantosas, pero aquellos que piensan así están muy ciegos. ¿No disciplinamos a nuestros amados hijos? ¿No lo hacemos porque los amamos y por su bien? Muchas veces sería más fácil para nosotros no hacerlo. Protegería nuestros sentimientos, porque sufrimos mucho más que ellos cuando los castigamos, si somos verdaderos padres. Algunos padres son tan poco amorosos y tan egocéntricos que permiten que sus hijos queden impunes en su locura y pecado para proteger sus propios sentimientos.

Pero no es así con nuestro Padre celestial. Él realmente nos ama, nos ama sabiamente y por eso nos disciplina para nuestro mayor bien. A veces, cuando nuestra conducta lo hace necesario, Él nos disciplina muy severamente o, como dice la Biblia, nos *azota*. Todo hombre sabio agradece a Dios por Su amor disciplinario, incluso en sus manifestaciones más severas.

Durante doce años o más, Dios nos salvó de enfermedades graves a mi esposa, a mí y a nuestra familia en nuestra vida como familia. Habíamos pasado ilesos por epidemias de muchos tipos. Cuando hubo las amenazas de crup, escarlatina, fiebre tifoidea, difteria y otras enfermedades, clamamos a Dios y Él nos liberó una y otra vez. Pero llegó un día en que Dios permitió que la difteria entrara en nuestro hogar, y pocas horas después de que se descubriera el verdadero carácter de la enfermedad, nos quitó un hermoso niño cuando pensábamos que todo peligro de muerte había pasado. Fue un golpe impresionante, hace justo veinticuatro años esta semana, y el 17 de marzo nunca llega sin que pensemos en ello. Por primera vez se rompió el círculo familiar. El cuerpo de nuestro hijo había sido sacado de nuestro feliz hogar y depositado en el solitario cementerio. ¿Por qué Dios permitió eso? Porque Él nos amó. Lo necesitábamos.

El domingo siguiente por la noche hablé sobre Hebreos 12:6: *Porque el Señor al que ama, disciplina, y azota a todo el que recibe por hijo*. Este castigo, sí, esta flagelación, llevó a un profundo examen del corazón y al descubrimiento del fracaso y, por lo tanto, llevó a la confesión del pecado. Condujo también a una nueva consagración y amor por las almas y devoción a Dios. Trajo la respuesta a las oraciones que Le habían estado llegando durante años. Fue una de las cosas que me llevó a dejar Chicago unos años más tarde para iniciar un ministerio mundial. Si Dios en Su infinita sabiduría y amor no nos hubiera quitado a nuestro amado hijo, nuestro hermoso y talentoso hijo, creo que nunca habría visto China, Japón, Australia, Nueva Zelanda, India y la maravillosa obra de Dios en estos países y la gran obra de Dios que siguió en Inglaterra, Irlanda, Gales, Alemania y muchos otros lugares. Los juicios de Dios son *insondables... ¡e inescrutables sus caminos!* (Romanos 11:33), pero siempre son sabios y amorosos, aunque por el momento no podamos entenderlo. Todos los tratos aparentemente severos de Dios con nosotros provinieron del sabio y maravilloso amor de Dios, y ambos lo vimos y lo alabamos. No hay manifestación más bondadosa del amor de Dios que Su disciplina cuando Lo olvidamos, nos alejamos de Él o nos sumergimos en el mundo.

Un hermoso día de primavera hace años, un amigo mío de Ohio me pidió que fuera a dar un paseo con él. Nos adentramos en el campo hasta un tranquilo cementerio. Entramos y nos dirigimos a un rincón remoto del cementerio y encontramos tres tumbas, una al lado de la otra, una de un adulto y las otras dos de niños. Eran las tumbas de la esposa de ese hombre y sus dos hijas, toda la familia que tenía en ese momento a excepción de un niño pequeño. Nos arrodillamos junto a las tumbas en oración. Mientras conducíamos de regreso a la ciudad, ese hombre me dijo: "Hermano Torrey, me compadezco del hombre a quien Dios no ha disciplinado".

¿Qué quiso decir? Esto: había sido un hombre de mundo, un hombre honorable y muy respetado, pero un mundano total. La difteria entró en su casa. Se llevó a una de sus pequeñas hijas. Mientras yacía en su ataúd, el padre se arrodilló junto al cajón y le prometió a Dios que se convertiría en cristiano. Pero cuando pasó la primera amargura del dolor, olvidó su voto. Nuevamente la enfermedad y la muerte entraron en su casa. Esta vez murió su segunda hija. Junto a su ataúd, renovó su voto y lo mantuvo. Llegó a conocer el gozo que todo verdadero cristiano conoce: tener la esperanza gloriosa para la eternidad que solo tiene el cristiano. Creo que se convirtió en el cristiano más activo y eficiente de la comunidad y todo surgió del amor disciplinario de Dios. Me dijo una y otra vez que su texto favorito de las Escrituras era *el Señor al que ama, disciplina*. Ah, amigos, si alguna aflicción les ha sobrevenido, véanla como una muestra del amor de Dios y aprendan las dulces lecciones que Él les enseñará mediante este dolor.

El amor de Dios se compadece de nosotros

El amor de Dios también se manifiesta en que Él Se conduele con nosotros en todas nuestras aflicciones. Esto queda muy claro en un maravilloso versículo del Antiguo Testamento: *En todas sus angustias Él fue afligido, y el ángel de su presencia los salvó; en su amor y en su compasión los redimió, los levantó y los sostuvo todos los días de antaño* (Isaías 63:9). Si bien Dios, en Su sabio amor por nosotros, nos disciplina, incluso nos azota, cuando lo olvidamos y vagamos hacia el pecado y la mundanalidad, aun así Él se compadece profundamente de nosotros en cada dolor, prueba y angustia que nuestro pecado trae sobre nosotros. *En toda [nuestra] aflicción Él [es] afligido.*

Puede ser Su propia mano la que envía la aflicción, como se indica en el pasaje que acabamos de leer; necesitamos la aflicción. Nos hace bien, por eso Él la envía; pero Él sufre con nosotros en ello. Dios es el único que Se conduele en grande con nosotros, porque *en toda [nuestra] aflicción él [es] afligido.* En nuestro propio dolor, teníamos muchísimos amigos humanos que nos compadecían y nos llegaron cartas y telegramas de sincero pésame. Pero nadie se dolió con nosotros de manera tan plena, tan tierna, tan profunda e inteligente como Dios mismo. Vio lo que ningún ojo humano podía ver y entró en todo nuestro dolor.

Hubo muchos pequeños y tiernos ministerios Suyos en aquellos días de profundo dolor y también muchos ministerios maravillosos y grandes. Ningún ser humano sabrá jamás lo que pasamos la Sra. Torrey y yo la noche siguiente al entierro de nuestro pequeño hijo, y la mañana siguiente. Las aguas eran profundas. Parecía que iban a pasar por encima de nuestras cabezas, pero había Uno que caminaba a nuestro lado. Era Dios. Sufrió con nosotros. Él guardó Su Palabra: *Cuando pases por las aguas, yo estaré contigo, y si por los ríos, no te anegarán; cuando pases por el fuego, no te quemarás, ni la llama te abrasará* (Isaías 43:2).

Algunos de ustedes están sufriendo un dolor profundo, algunos sufren un tipo de dolor y otros, un dolor de un tipo completamente diferente, pero quiero decirles a todos que Dios se compadece de todos ustedes en su dolor, sea cual sea. Puede que les parezca que nadie se conduele con ustedes, que nadie siquiera los comprende, que a nadie le importa, y eso puede ser cierto para los hombres, pero no lo es para Dios. Él lo comprende todo y participa en todo. A nuestro Padre Le importa.

Una mujer vino a verme al hotel donde me hospedaba en Bendigo, Australia. Me dijo que una pena terrible había llegado a su vida, pero que no podía contársela a nadie porque todos la conocían. Pero yo era un extraño y pronto abandonaría el lugar. Su carga era tan pesada que sintió que necesitaba que alguien la compartiese con ella, así que acudió a mí. Fue una historia terrible la que ella me contó. Estaba atravesando uno de los mayores dolores que jamás haya experimentado una mujer de veras, y su corazón estaba casi destrozado.

Cuando terminó esa triste historia, me dijo: "Me siento mejor ahora que hay alguien que conoce mi dolor y puede compadecerse de mí".

Le dije: "Realmente me compadezco de ti. Me alegra que hayas venido y me hayas contado la historia y que podría ayudarte a llevar tu carga. Pero...", agregué, "hay Uno que lo sabe todo desde el principio. Dios lo ha sabido todo y se ha compadecido de ti todo el tiempo". Ah, es verdad; ni una tristeza, ni una angustia, ni una desilusión, ni una calamidad, ni un dolor nos llega jamás sin que nuestro Padre celestial lo sepa todo. Él lo conoce en todos sus detalles y se compadece de nosotros en todos los sufrimientos; Él mismo sufre mucho más que nosotros.

El amor de Dios siempre nos recuerda

El amor de Dios se manifiesta en que Él nunca olvida a quienes ama. Él mismo nos lo dice en las maravillosas palabras de Isaías 49:15-16: *¿Puede una mujer olvidar a su niño de pecho, sin compadecerse del hijo de sus entrañas? Aunque ellas se olvidaran, yo no te olvidaré. He aquí, en las palmas de mis manos, te he grabado; tus muros están constantemente delante de mí.*

Dios a veces parece olvidar, pero nunca lo hace. Clamamos y no llega respuesta. Los cielos parecen de bronce sobre nuestras cabezas, pero Dios no ha olvidado. Él nunca olvida. Una madre puede olvidar a su hijo. Aunque eso no parezca probable, sí puede olvidarlo. Pero Dios ha dicho: *Yo no te olvidaré.* Ha dicho además: *He aquí, en las palmas de mis manos, te he grabado.*

El amor de Dios perdona

El amor de Dios se manifiesta en Su perdón de nuestros pecados. Ezequías clamó al Señor: *He aquí, por mi bienestar tuve gran amargura; eres tú quien ha guardado mi alma del abismo de la nada, porque echaste tras tus espaldas todos mis pecados* (Isaías 38:17). Dios está dispuesto en Su amor a perdonar los pecados del pecador más vil. Hay dos cosas, y solo dos, que en Su amor exige como condición de ese perdón. Primero, debemos abandonar nuestros pecados; segundo, debemos volvernos a Él con fe y rendirnos a Su voluntad. Escuchen Su propia Palabra: *Abandone el impío su camino, y el hombre inicuo sus pensamientos, y vuélvase al Señor, que tendrá de él compasión, al Dios nuestro, que será amplio en perdonar* (Isaías 55:7).

Dios no perdonará nuestros pecados si nos aferramos a ellos. Hay una teoría sobre el amor de Dios que rige en el mundo de hoy y que no tiene fundamento en la Palabra de Dios; dice que debido a que *Dios es amor,* Él perdonará y salvará a todos los hombres, ya sea que se arrepientan y crean en Jesucristo o no.

Esta teoría es total y absolutamente contraria a la Biblia. Para creer en esa teoría hay que renunciar a la Biblia. Pero si abandonan la Biblia, deben renunciar a su creencia de que *Dios es amor,* porque es de la Biblia y solo de la Biblia que aprendemos esa verdad. No hay absolutamente ninguna otra prueba de que *Dios es amor* con excepción de que la Biblia lo dice. Esto es prueba suficiente, porque se puede demostrar que la Biblia es la Palabra de Dios. Pero si abandonan la Biblia y son lógicos, deben renunciar a su creencia de que *Dios es amor,* porque cuando la Biblia desaparece, la creencia de que *Dios es amor* no tiene fundamento de ningún tipo.

Sin embargo, si no abandonan la Biblia, no pueden creer que Dios perdonará y salvará a todos los hombres, ya sea que se arrepientan o no. El universalismo es el sistema más ilógico del mundo (con excepción del unitarismo). Comienza con la afirmación de la Biblia de que *Dios es amor* como piedra fundamental. Y luego se pone a trabajar para desacreditar la Biblia, rechazando otras declaraciones claras que contiene: declaraciones sobre el infierno y el estado futuro de aquellos que rechazan a Cristo. Al hacer eso socava la autoridad de la Biblia y, por lo tanto, socava el fundamento de nuestra fe en que *Dios es amor*.

En otras palabras, el universalismo intenta construir una superestructura socavando sus propios cimientos. Si renunciamos a la Biblia no habrá pruebas de que *Dios es amor*, por lo que el universalismo ya no será posible. Si creemos en la Biblia, debemos creer en el infierno, y allí se pone fin al universalismo. Tomen cualquiera de los dos extremos del dilema que deseen y el universalismo no tendrá absolutamente ningún fundamento. El mismo amor de Dios, el amor de Dios por los justos y Su amor por Su Hijo Jesucristo, exigen que si los hombres persisten en el pecado y persisten en el rechazo de Su Hijo Jesucristo, deben ser separados de los justos, y castigados. El amor de Dios hace del infierno una necesidad si los hombres persisten en el pecado. Y si persisten eternamente en el pecado, eso hace que el infierno eterno sea una necesidad. Es psicológicamente cierto, así como se revela con claridad en la Biblia, que si los hombres persisten en el pecado más allá de cierto punto, persistirán en el pecado eternamente.

Sin embargo, si el pecador más vil se arrepiente, Dios lo perdonará. Él lo dice. Llega incluso a decir en Isaías 1:18: *Venid ahora, y razonemos —dice el Señor—, aunque vuestros pecados sean como la grana, como la nieve serán emblanquecidos; aunque sean rojos como el carmesí, como blanca lana quedarán.*

Un hombre me dijo una vez: "Mis pecados son demasiado grandes como para que Dios los perdone".

Le respondí: "No quiero que pienses que tus pecados son menos de lo que ahora crees que son; sin duda son incluso mayores de lo que piensas. Pero quiero que veas que por muy grandes que sean tus pecados, el amor perdonador de Dios es aún más grande".

Muy a menudo Dios demostró esto en la Biblia. El pecado de David fue grande, monstruoso; era adúltero y asesino y, sin embargo, Dios lo perdonó. El pecado de Manasés fue sumamente grande, pues odiaba a Dios y odiaba al pueblo de Dios. Hizo que por las calles de Jerusalén corriera la sangre de los siervos de Dios y, sin embargo, Dios lo perdonó (2 Reyes 24:3-4; cf. 2 Crónicas 33:1-13). Saulo de Tarso era un gran pecador y odiaba a Jesucristo. Persiguió a los discípulos de Jesucristo y participó en su asesinato; era un blasfemo audaz y obligaba a otros a blasfemar y, sin embargo, Dios lo perdonó.

Así, a lo largo de los siglos, muchos de los pecadores más viles que este mundo haya visto se han arrepentido y Dios los ha perdonado. Muchos hombres y mujeres han caído en las profundidades más abismales del pecado, pero Dios los ha perdonado y salvado, y pueden regocijarse en Su amor perdonador, sabiendo que todos sus pecados han sido borrados y que como hombres o mujeres, ellos han sido transformados por el poder de Su gracia.

El amor de Dios es sacrificial

El amor de Dios se manifestó al dar a su Hijo unigénito para morir en nuestro lugar. Como lo expresa el Espíritu de Dios en Juan 3:16: *Porque de tal manera amó Dios al mundo, que dio a su Hijo unigénito, para que todo aquel que cree en Él, no se pierda, mas tenga vida eterna.* Y nuevamente leemos en Romanos 8:32: *El que no eximió ni a su propio Hijo, sino que lo entregó por todos nosotros.* Y leemos en 1 Juan 4:10: *En esto consiste el amor: no en que nosotros hayamos amado a Dios, sino en que Él nos amó a nosotros y envió a su Hijo como propiciación por nuestros pecados.* Y en la visión profética del Antiguo Testamento, setecientos años antes de que naciera el Salvador, leemos: *Todos nosotros nos descarriamos como ovejas, nos apartamos cada cual por su camino; pero el Señor hizo que cayera sobre Él la iniquidad de todos nosotros* (Isaías 53:6). Esta manifestación del amor de Dios es la más grande de todas. Esta manifestación del amor de Dios es estupenda; parece increíble, pero sabemos que es verdad. Dios hizo el mayor sacrificio en Su poder por nuestro bien. Hizo el mayor sacrificio en la historia del mundo. Renunció a lo que más amaba: SU PROPIO HIJO.

Ningún hijo terrenal fue jamás tan querido por su padre como Jesucristo lo fue por Dios. Tengo un hijo, un hijo único, y lo amo, pero mi amor por mi hijo no es más que apenas una insinuación o prefiguración del amor de Dios por Jesucristo. Y, sin embargo, Dios entregó a ese Hijo unigénito, ese Hijo eternamente amado, por ustedes y por mí. Lo entregó para morir, para morir una muerte terrible, una muerte espantosa. Lo entregó para que fuera aplastado por el peso del pecado y la culpa del hombre. ¿Y con qué propósito lo entregó? *Para que todo aquel que en Él cree no se pierda, sino que tenga vida eterna.* Dios ha hecho todo lo que estuvo en Su poder para proporcionarnos vida eterna. Si no la tenemos, es culpa nuestra. Dios ha agotado los recursos de la sabiduría infinita, el amor infinito y el poder infinito para proporcionarnos vida eterna a ustedes y a mí, y ustedes y yo podemos tenerla si lo deseamos.

Así es el amor de Dios, descrito de manera muy inadecuada. Pero deseo hacerles una pregunta para terminar. La pregunta es esta: ¿qué van a hacer con ese maravilloso amor de Dios ahora mismo?

Nuestra culpa nunca se ve tan oscura como cuando la miramos a la luz deslumbrante del asombroso amor de Dios. El hecho de ser un hombre o una mujer que peca, y despreciar y quebrantar las santas y excelentes leyes de Dios parece bastante malo, pero lo peor, lo más condenable y condenatorio de los hombres y mujeres sin Cristo, es que *están pisoteando el amor de Dios*. ¿Qué pensarían de un hombre que tuviera una madre fiel y amorosa que hubiera hecho todo por él, que ha hecho todos los sacrificios por él, que haya empobrecido, puesto en peligro y consumido su vida por él, y luego él despreciara ese amor, rechazara ese amor, se burlara de ese amor, negara ese amor y buscara desacreditarlo? ¿No dirían que ese hombre es un desgraciado? Con todo, no hay amor de madre que sea tan grande y maravilloso como el amor de Dios por ustedes y por mí. Ninguna madre hizo jamás un sacrificio por su hijo tan grande como el que Dios ha hecho por ustedes y por mí. Ahora, ¿qué harán con ese amor? ¿Lo aceptarán o lo despreciarán? ¿Confiarán en ese amor o lo rechazarán? ¿Le abrirán su corazón o lo escupirán? ¿Qué harán con ese amor?

¿Están rechazando a Cristo? ¿Están pisoteando el maravilloso amor de Dios revelado al entregar a Su Hijo para morir en la cruz del Calvario por ustedes? Si es así, ¿qué tienen que decir en su favor? Abandonen el terrible trato que le han dado a este glorioso Hijo de Dios y acéptenlo ahora como su Salvador personal; entréguense a Él como su Señor y Maestro y comiencen a confesarlo a Él, en una confesión que muchos debieron haber comenzado hace mucho, mucho tiempo. Salgan a servirle durante el resto de sus días con todas sus fuerzas.

Capítulo 3

La frase más hermosa que se haya escrito

Porque de tal manera amó Dios al mundo, que dio a su Hijo unigénito, para que todo aquel que cree en Él, no se pierda, mas tenga vida eterna (Juan 3:16)

Mi texto es sobre la frase más maravillosa que se haya escrito. Por supuesto, esa frase está en la Biblia. Todas las frases más grandiosas que se hayan escrito se encuentran en un solo libro, la Palabra de Dios, la Biblia. La Biblia es un libro que abunda en declaraciones esclarecedoras, conmovedoras, sorprendentes, maravillosas, desconcertantes, asombrosas y transformadoras de vidas; declaraciones sin comparación alguna en el resto de la literatura del mundo. Pero me inclino a pensar que la que vamos a considerar aquí es la más notable de todas. Creo que después de haberlo pensado con detenimiento estarán de acuerdo conmigo en que esta frase es la más maravillosa que se haya escrito.

Lo más probable es que la conozcan. Dudo que haya una persona en este público que no la haya oído una y otra vez. De hecho, nuestra propia familiaridad con ella nos ha cegado a muchos ante su carácter maravilloso y su tremendo significado. Pero vamos a mirarla fijo y de cerca, dándole vueltas y vueltas tal como le daríamos la vuelta y escudriñaríamos un diamante de pureza, belleza, brillo y juego de colores prismáticos inusuales, hasta que logremos ver y apreciar su belleza, su sabiduría, gloria, sublimidad y sorprendente significado en toda su plenitud.

La frase se encuentra en Juan 3:16: *Porque de tal manera amó Dios al mundo, que dio a su Hijo unigénito, para que todo aquel que cree en Él, no se pierda, mas tenga vida eterna.* Esa única oración contiene volúmenes enteros de verdades incomparablemente preciosas. De hecho, se han dedicado muchos libros a la exposición de ese versículo, pero aún no está agotado y nunca lo estará. Estas maravillosas palabras de Dios nunca sonarán como trilladas, desgastadas o tediosas. Siempre volvemos a encontrar nueva belleza y nueva gloria en ellas. Cuando los millones de volúmenes que los hombres han escrito en tantos idiomas a lo largo de muchos siglos de historia literaria se hayan vuelto obsoletos y olvidados, esa oración imperecedera brillará con su incomparable belleza y gloria sin igual a lo largo de las infinitas edades de la eternidad. Permítanme repetirla: *Porque de tal manera amó Dios al mundo, que dio a su Hijo unigénito, para que todo aquel que cree en Él, no se pierda, mas tenga vida eterna.* Dios mismo ha usado esa declaración para salvar miles de almas, para sacar a los hombres de la triste y espantosa ruina que el pecado había obrado en la gloria de Su semejanza. Confío en que Él pueda usarla ahora para salvar a muchos más.

El versículo nos da cinco hechos sumamente importantes: primero, la actitud de Dios hacia el mundo; segundo, la actitud de Dios hacia el pecado; tercero, la actitud de Dios hacia Su Hijo; cuarto, la actitud de Dios hacia todos los que creen en Su Hijo; y quinto, la actitud de Dios hacia todos los que se niegan a creer en Su Hijo.

La actitud de Dios hacia el mundo

Ante todo, este versículo de la Palabra de Dios nos dice cuál es la actitud de Dios hacia el mundo. ¿Cuál es la actitud de Dios hacia el mundo? La actitud del amor. La oración dice: *Porque de tal manera amó Dios al mundo, que dio a su Hijo unigénito, para que todo aquel que cree en Él, no se pierda, mas tenga vida eterna.* El amor es la cosa más maravillosa del mundo y una de las menos comunes. Hoy en día se llama amor a muchas cosas, pero la mayor parte de todo eso no es amor en absoluto.

A menudo hablamos del amor de un joven por una muchacha, y lo único que queremos decir es que este joven desea poseer a esa joven para su propio placer y gratificación. Eso no es amor en absoluto; muchas veces no tiene el más mínimo parecido con el amor. A menudo se trata de un egoísmo absoluto, y no pocas veces, de la lujuria más vil y desenfrenada. No es improbable que si la joven se niega a aceptarlo como marido o amante, él la destruya o intente arruinar su reputación. ¡Y a esa cosa espantosa la llamamos amor! Él la "amaba" tanto que la mató. Está tan alejado del amor como podría estarlo, como lo está el infierno del cielo. Es el orden más bajo de egoísmo y la bestialidad más grosera.

Un abogado aquí en esta ciudad hace dos semanas le disparó a su ex esposa por la espalda, cuando ella no miraba, porque no quería volver con él y soportar más los atropellos que le había infligido durante años. ¿Fue el amor lo que impulsó su acción sorprendentemente cobarde, furtiva, cruel, de rufián y diabólica? ¡No! Era una pasión que habría deshonrado a la bestia más salvaje de la selva.

Hablamos del amor de una persona por otra. ¿A qué nos

referimos habitualmente? Solo esto: son amigables porque en muchos aspectos congenian y disfrutan de la compañía del otro. Pero si uno hace algo que ofende al otro, el llamado amor se convierte en total indiferencia o incluso en amargo odio. Nunca fue amor. Era mero cariño egocéntrico.

Todo esto no es amor. ¿Qué es el amor? El amor es el deseo consumidor y absorbente del deleite en el bien supremo de otro. El verdadero amor es completamente desinteresado. Pierde completamente de vista el interés propio y se dedica a buscar el interés de la persona amada. Esta fue la actitud de Dios hacia el mundo. *Amaba* al mundo, realmente lo amaba.

Él miró a este mundo, a toda la masa de hombres y mujeres que han vivido o vivirán en cualquier época y en todo tiempo venidero, y los amó a todos. Todo Su ser entregó en infinito anhelo de beneficiar y bendecir al mundo. Cualquier costo para Él sería ignorado si era de bendición para el mundo. *Porque de tal manera amó Dios al mundo, que dio a su Hijo unigénito.* ¡Oh, hombres y mujeres, pónganse de pie y maravíllense! ¡Oh, ángeles, arcángeles, querubines y serafines, pónganse de pie y maravíllense! *Porque de tal manera amó Dios al mundo, que dio a su Hijo unigénito.*

Algunos nos dicen que no pueden creer que la Biblia sea la Palabra de Dios porque contiene muchas declaraciones increíbles. Pero Juan 3:16 es la declaración más increíble de todo el Libro y, sin embargo, sabemos que es verdad. Si puedo creer esa declaración, no debería tener ninguna dificultad con ninguna otra declaración en todo el Libro. Y puedo creer esa afirmación. Yo creo esa afirmación. Sé que esa afirmación es cierta. La puse a prueba con mi experiencia personal y descubrí que es cierta. *Porque de tal manera amó Dios al mundo, que dio a su Hijo unigénito* ha sido la actitud de Dios hacia el mundo desde el principio. Esa es la actitud de Dios hacia el mundo hoy.

Dios ama al mundo. Hay hombres, mujeres y niños en este

mundo a quienes ustedes y yo amamos, pero Dios ama al mundo entero. No hay en él un hombre, una mujer, un niño a quien Dios no ame. Desde el hombre y la mujer intelectualmente más dotados y moralmente más santos hasta el hombre o la mujer más moralmente degradados y más brutos en los barrios marginales de una gran ciudad o en las selvas de alguna isla caníbal, Dios ama a todos y cada uno. *Porque de tal manera amó Dios al mundo, que dio a su Hijo unigénito, para que todo aquel que cree en Él, no se pierda, mas tenga vida eterna.*

Son cientos y cientos de personas las que se reúnen en esta iglesia, de las cuales a ustedes no les importa absolutamente nada. Nunca los vieron antes; nunca los volverán a ver. Si leyeran en su periódico de mañana por la mañana: "John Jones, que estaba en la Iglesia de la Puerta Abierta, se paró frente a un automóvil de la Calle Sexta cuando regresaba a casa después del servicio religioso y murió instantáneamente", difícilmente se detendrían a pensar en él. John Jones no es nada para ustedes. Pero John Jones es algo para Dios. Dios ama a John Jones, a John Smith, a John Johnson y a todos los demás hombres, mujeres y niños.

Puede que alguno de ustedes se sienta como un forastero solitario en la multitud de una gran ciudad, que quizás haya tenido mala suerte y no tenga dinero ni amigos; tal vez se haya hundido en una negra profundidad de pecado y se diga: "Ninguna persona en esta gran multitud tiene el más mínimo interés en mí", y eso puede ser cierto. Pero hay Uno que sí tiene interés en esa persona. Hay Uno que tanto nos amó que *dio a su Hijo unigénito* para morir por nosotros, y ese es Dios. Dios ama al mundo y a todos los que están en él. Dios ama al mundo en el sentido más puro, profundo y elevado de la palabra *amor*. Sí, Dios *nos* ama. "¿A quiénes te refieres con *nos*?", preguntarán. Me refiero a cada hombre, mujer y niño.

No hay nada en el mundo que cause el amor de Dios. Es un mundo pecaminoso, es un mundo egoísta, un mundo corrupto.

Cuanto más conozco el mundo del que formo parte y cuanto más me conozco a mí mismo, más humillado me siento. Juan tenía toda la razón cuando dijo: ...*todo el mundo yace bajo el poder del maligno* (1 Juan 5:19).

Soy optimista, pero no soy optimista pintando de blanco un mundo negro. Miren el mundo rico. Es tan cruel. Vean cómo avanza hacia una mayor riqueza, pisoteando a todo aquel que encuentra a su paso. ¿Cómo se suelen acumular las grandes fortunas? Lo saben ustedes. Lo sé yo también. Pisoteando corazones humanos. Pero miren el mundo pobre. Es casi tan cruel como el mundo rico.

En Chicago, un día dos hombres trabajaban muy duro para ganarse la vida honestamente para mantener a sus familias, a solo cuatro puertas al norte de la iglesia donde yo era pastor. Otros cuatro hombres pobres entraron sin hacer ruido, les partieron las cabezas con unas hachas, y huyeron.

¿Por qué lo hicieron? Simplemente porque querían los trabajos de estos dos hombres. Los dos hombres abatidos por los cuatro cobardes desalmados no eran culpables de ningún delito ni de ningún mal contra quienes los mataron. No pertenecían al sindicato; eso fue todo. Si desean conocer el espíritu del mundo rico, miren algunos de los fideicomisos codiciosos y sin conciencia. Si desean conocer el espíritu del mundo pobre, miren los métodos actuales de los sindicatos. El espíritu de ambos es esencialmente el mismo: la codicia por el oro. Hay que conseguir dinero a cualquier precio, incluso mediante el asesinato de otros o el lento proceso de hambruna por parte de los ricos, o el rápido proceso del hacha, las balas y la dinamita por parte de los pobres.

Es este un mundo cruel, egoísta y sanguinario. Vimos lo que realmente es el mundo cuando terminó la guerra[2]. Sin embargo, Dios ama al mundo de tal manera que estuvo dispuesto a

---
2   La Primera Guerra Mundial.

enviar a Su Hijo a morir por nosotros. Dios ama a esos cuatro cobardes que masacraron a sus compañeros de trabajo, tanto como para enviar a Su Hijo a morir por ellos. Dios ama a esos millonarios que ya tienen más de lo necesario para su propio bien o el de sus familias, pero que siguen tratando de aumentar su riqueza al desplazar a sus competidores y empujar a sus familias al asilo de pobres, y los ama tanto como para enviar a Su Hijo a morir por ellos. Dios ama a esos monstruos morales que hicieron que Europa se bañara de sangre y jadeara con el gas venenoso, y los ama tanto como para enviar a Su Hijo a morir por ellos. A medida que voy conociendo más y más sobre la crueldad, la avaricia, el egoísmo, la falsedad, la maldad, la lujuria, la vileza y la bestialidad que hay en este mundo, en el mundo social, en lo alto y lo bajo, en el mundo de los negocios en todos sus estamentos y en el mundo político, a veces casi me pregunto por qué Dios no borra todo este mundo como lo hizo con Sodoma y Gomorra en la antigüedad.

¿Por qué no lo hace? Les diré por qué. Dios extiende Su amor al mundo. A pesar de toda su crueldad, a pesar de toda su avaricia, a pesar de todo su egoísmo, a pesar de toda su lujuria, a pesar de toda su vileza en pensamiento, palabra y obra, Dios tiene amor por el mundo. ¿No es maravilloso, no es asombroso que un Dios santo le dé amor a un mundo pecaminoso como este? ¡Sí lo hace!

No hay hombre a quien Dios no le ofrezca Su amor. No hay mujer a quien Dios no le ofrezca Su amor. No hay ladrón a quien Dios no le ofrezca Su amor. No hay mujer que haya olvidado su pudor y su verdadera feminidad a quien Dios no le ofrezca Su amor. No hay adúltero a quien Dios no le ofrezca Su amor, ni pecador, ni marginado, ni criminal de ninguna especie a quien Dios no le ofrezca Su amor. *Porque de tal manera amó Dios al mundo, que dio a su Hijo unigénito, para que todo aquel que cree en Él, no se pierda, mas tenga vida eterna.*

A una mujer que estaba angustiosamente desesperada por las profundidades de la iniquidad y la infamia en las que había caído le dije hace años:

— Dios te ama.

— A mí no, señor Torrey. Dios no me ama. He matado a un hombre —, clamó.

— Sí, lo sé, pero Dios te ama.

— No, a mí no. He asesinado a bebés inocentes por nacer.

— Sí, lo sé, pero Dios te ama.

— A mí no. Mi corazón es duro como una roca.

— Sí, pero Dios te ama.

— No. Le he pedido en oración al diablo para que me quite todas mis convicciones y lo ha hecho.

— Sí, sé todo eso, pero Dios te ama.

Luego hice que esa mujer se arrodillara y ella llegó a creer en el amor de Dios por ella y encontró una gran paz.

La volví a ver el mes pasado cuando estaba en Chicago. Al final de una de mis reuniones, ella bajó a la plataforma para hablar conmigo mientras otras personas se agolpaban alrededor de mí. Me dijo:

— ¿Me reconoces?

Respondí:

— Por supuesto que te reconozco —, y la llamé por su nombre.

Su rostro se cubrió de sonrisas.

—Oh — dijo, —Sr. Torrey, todavía sigo en la antigua tarea de ganar a otros para Cristo.

Ah, algunos escépticos moralistas levantan las manos con santo horror y disgusto y dicen: "No quiero creer en un Dios que da la bienvenida a pecadores tan viles como esos". Tú, miserable fariseo, viejo hipócrita, eres esencialmente tan malo como ella lo fue e infinitamente peor de lo que es ahora. Pero Dios te ama, incluso a ti. La actitud de Dios hacia todo el mundo es de amor.

La actitud de Dios hacia el pecado

Pero ¿cuál es la actitud de Dios hacia el pecado? Nuestro texto nos dice que Su actitud hacia el pecado es de odio. ¡Dios ama al mundo con amor infinito! ¡Dios odia el pecado con odio infinito! ¿Cómo muestra eso nuestro texto? Escuchen. *Porque de tal manera amó Dios al mundo, que dio a su Hijo unigénito, para que todo aquel que cree en Él, no se pierda, mas tenga vida eterna.*

¿En qué nos muestra eso que Dios odia el pecado? Es así: si Dios no hubiera odiado el pecado, podría haber salvado al mundo que amaba sin expiación, sin la expiación que tanto le costó la muerte y agonía de Su Hijo unigénito, que murió como sacrificio expiatorio en la Cruz. Pero como Dios era santo y por eso odiaba el pecado, lo odiaba con odio infinito, Su odio por el pecado tenía que manifestarse ya sea en el castigo del pecador y en el eterno destierro del pecador respecto de Sí mismo y de la vida y la esperanza, o de alguna otra forma. Pero el amor de Dios no permitiría el justo castigo del pecador. Entonces Dios, en la persona de Su Hijo, tomó sobre Sí mismo la pena del pecado y así salvó al mundo que amaba. *Todos nosotros nos descarriamos como ovejas, nos apartamos cada cual por su camino; pero el Señor hizo que cayera sobre Él la iniquidad de todos nosotros* (Isaías 53:6). De esta manera Dios hizo posible la vida eterna para cada pecador que aceptara la salvación que Él compró para ellos mediante la muerte expiatoria de Su Hijo unigénito.

La cruz de Cristo declara dos cosas: primero, el amor infinito de Dios por el mundo; segundo, el odio infinito de Dios hacia el pecado. Oh, malvados, no asuman que porque Dios los ama, Él hará un guiño a su pecado. Ni por un momento. Él odia nuestro pecado, Él odia nuestra avaricia; odia nuestro egoísmo, odia nuestra crueldad, odia nuestra deshonestidad; Él odia tus mentiras; odia tu embriaguez, odia tu imaginación impura, odia tu impureza moral, odia tu bestialidad; Él odia cada pecado, grande o pequeño, del que seas culpable. El odio de un hombre sincero hacia toda falsedad, el odio de un hombre honesto hacia toda deshonestidad y el odio de una mujer verdadera y pura hacia la indescriptible vileza de la mujer de la calle y la alcantarilla no es nada comparado con la ardiente ira de Dios contra tu pecado más pequeño.

La actitud de Dios hacia Su Hijo

Este maravilloso versículo también habla de la actitud de Dios hacia Su Hijo. ¿Cuál es la actitud de Dios hacia su Hijo? Escuchen. *Porque de tal manera amó Dios al mundo, que dio a su Hijo unigénito.* La actitud de Dios hacia Su Hijo, Su Hijo unigénito, es el amor infinito. El Señor Jesús es el único Hijo de Dios. Nos convertimos en hijos de Dios a través de nuestra fe en Él, pero Él es el único Hijo de Dios por derecho eterno e inherente. Él fue el objeto del amor infinito de Su Padre en las edades inmensurables antes de que se creara cualquiera de los mundos; sí, antes de que existiera un ángel o arcángel o cualquiera de los seres celestiales.

Déjenme hablarles a ustedes, padres. ¿Cuál es su actitud hacia su hijo? ¡Cómo lo aman! Y si tienen un solo hijo, ¡con qué intensidad lo aman! Yo solo tengo un hijo. He anhelado más, pero Dios en Su sabiduría ha considerado adecuado darnos un solo hijo. ¡Cómo lo amo! Solo Dios sabe cuánto lo amo. Pero mi amor por mi único hijo no es nada, nada en absoluto comparado con el amor de Dios por Su Hijo unigénito.

A veces pienso en mi hijo y creo que sé algo del amor de Dios por Jesucristo, pero es solo un poco, muy poco, lo que sé. Pero aunque Dios amó así a Su Hijo, Dios dio a ese Hijo, a quien amaba tan infinitamente, ese Hijo que por toda la eternidad había sido objeto de Su deleite, Dios dio a ese Hijo unigénito por el mundo, por ustedes y por mí. Lo dio a Él para que dejara el Cielo y Su propia compañía para que bajara a la tierra y viviera aquí como un forastero solitario. Lo entregó para que los hombres lo escupieran, lo abofetearan, *lo despreciaran y lo rechazaran*. Lo entregó para que fuera coronado de espinas, burlado y ridiculizado. Lo entregó para que lo arrastraran por las calles ante una turba que aullaba, gritaba y se mofaba. Él lo entregó para que lo clavaran en la cruz. ¡Sí, a una cruz! Y para permanecer colgado allí en miseria, dolor y agonía durante horas, objeto de las groseras burlas y mofas de la multitud despiadada. Lo entregó para morir con el corazón quebrantado, un corazón quebrantado por el oprobio de los hombres que Él amaba (Salmo 69:20), y por el dolor por los pecados humanos que Él había asumido. Sí, Dios lo dio a Él, *su Hijo unigénito*, para que fuera separado de Sí mismo, para sufrir y morir. ¿Por qué? Porque Dios nos amaba a ustedes y a mí, y ese era el único precio que compraría nuestra salvación. Y Dios pagó ese precio, ese precio terrible.

¡Oh, es maravilloso! Solo se me ocurre una cosa que asombra tanto como el amor de Dios por los pecadores. ¿Qué cosa es? La forma en que tratamos ese amor. La forma en que lo tratan los hombres. Cómo algunos lo desprecian. La forma en que lo rechazan. La forma en que lo pisotean. La forma en que incluso intentan dudarlo, no creerlo, negarlo, desacreditarlo y tratar de pensar que tienen "dificultades intelectuales acerca de la doctrina de la expiación".

Al menos sean honestos. Su verdadera dificultad no es intelectual; quieren salvar su orgullo y disculpar la enormidad de su ingratitud. Y para hacer eso no dudan en el pecado grave de incluso negar al Señor que los compró, los compró con Su agonía y muerte expiatoria (2 Pedro 2:1). Oh, sean honestos con el maravilloso amor de Dios, incluso si están decididos a despreciarlo. Sus pretendidas "dificultades teológicas con la expiación" que Jesucristo hizo en la cruz no son más que intentos deshonestos de excusar su abominable ingratitud y su condenable rechazo hacia ese amor infinito. Ténganme paciencia por hablar tan claramente de su pecado. Lo hago por amor a ustedes. Puede que no estén dispuestos a admitir eso hoy, pero tendrán que admitirlo el día en que estén ante la luz del gran trono blanco donde todas las mentiras, pretextos, engaños e hipocresías serán quemados.

La actitud de Dios hacia los que creen en Cristo

Veamos otra cosa: lo que nuestra oración enseña sobre la actitud de Dios hacia los creyentes en el Señor Jesucristo. ¿Cuál es la actitud de Dios hacia todos los que creen en Jesucristo? Se puede expresar en pocas palabras. La actitud de Dios hacia todos los creyentes en Jesucristo es darles vida eterna. *Porque de tal manera amó Dios al mundo, que dio a su Hijo unigénito, para que todo aquel que cree en Él, no se pierda, mas tenga vida eterna.*

Para todos los que creen en Él, la muerte de Jesucristo ha abierto un camino de perdón y ha hecho posible que un Dios santo perdone el pecado y dé vida eterna al pecador más vil si tan solo cree en Jesucristo. *La paga del pecado es muerte*, y esa paga debe efectuarse; pero Jesucristo pagó el precio, por eso la vida, y no la muerte, es posible para ustedes y para mí; *la dádiva de Dios es vida eterna en Cristo Jesús Señor nuestro* (Romanos 6:23). Todo aquel que cree en Jesucristo, a quien Dios dio para morir por él, puede tener vida eterna; sí, él tiene vida eterna. Cualquiera puede tener vida eterna. Solo hay una condición: simplemente creer en Jesucristo. Deben hacerlo de todos modos, incluso si no ganan nada creyendo en Él; Jesucristo merece que creamos en Él. Él es infinitamente digno de nuestra fe.

Pero *hay* algo que se puede ganar al creer en Él, algo de valor infinito: la vida eterna. ¿Desean la vida eterna? Pueden tenerla.

Cualquiera puede tenerla, sin importar cuál haya sido su pasado. *Porque de tal manera amó Dios al mundo, que dio a su Hijo unigénito, para que todo aquel que cree en Él, no se pierda, mas tenga vida eterna.* Oh, si yo les ofreciera un gran honor, no sería nada comparado con esto. Si les ofreciera una enorme riqueza, no sería nada comparada con esto. Si les ofreciera exención de toda enfermedad y dolor, no sería nada comparado con esto. ¡Vida eterna! Eso es lo que Dios ofrece. Y Dios se la ofrece a cada uno de ustedes. Oh, esto sí hace que el corazón se hinche y palpite de esperanza, gozo y éxtasis: ¡vida eterna!

La actitud de Dios hacia aquellos que no creen en Jesucristo

Solo queda una cosa por mencionar, y es la actitud de Dios hacia todos aquellos que no creen en Jesucristo. ¿Cuál es Su actitud? Escuchen: *Porque de tal manera amó Dios al mundo, que dio a su Hijo unigénito, para que todo aquel que cree en Él, no se pierda, mas tenga vida eterna.* La actitud de Dios hacia aquellos que no creen en Jesucristo, aquellos que prefieren el pecado, la vanidad y el orgullo en lugar de preferir al glorioso Hijo de Dios, es simplemente esta: Dios, con gran dolor y reticencia, les retira el don infinito que Él ha adquirido a tan alto costo y que no aceptarán. Dios los deja perecer. No hay esperanza para ningún hombre que rechace el regalo de la vida eterna, que nos da Dios, obtenida tan solo por creer en Su Hijo unigénito. Dios ha agotado todas las posibilidades de un amor y poder salvador en la expiación de Jesucristo en la cruz del Calvario. Si lo rechazan, si no lo aceptan, perecerán eternamente.

La actitud de Dios hacia el mundo es de amor infinito. La actitud de Dios hacia el pecado es de odio infinito. La actitud de Dios hacia Su Hijo es de un amor indescriptible, pero Él entregó a ese Hijo para morir por ustedes y por mí. La actitud de Dios hacia el creyente es darle vida eterna, sin importar cuál haya sido su pasado. La actitud de Dios hacia aquellos que no creen es dejarlos en el infierno que tan locamente eligen. Hombres y mujeres, ¿qué eligen hoy: la vida, o la muerte? Algunos de ustedes decidirán esa cuestión en unos minutos; es una decisión por toda la eternidad. Dios les ayude a decidir bien.

Hace años, en Minneapolis, me arrodillé una noche en oración junto a una joven que estaba pasando por algo terrible. En su alma se estaba librando una cruenta batalla entre las fuerzas de la luz y las fuerzas de la oscuridad. Escuchó a Dios llamándola a aceptar Su amor y a aceptar la vida eterna que Su amor había comprado mediante la muerte expiatoria de Su propio Hijo. Pero también escuchó otras voces, voces del mundo y la voz del mismo Satanás, induciéndola a darle la espalda a Jesucristo y elegir el mundo. Fue horrible ver la batalla y me dolía el corazón mientras la observaba, y seguí clamando a Dios para que el Espíritu Santo obtuviera la victoria. De vez en cuando hablaba con ella.

Finalmente, saqué mi reloj y le dije: "Esta batalla no puede durar mucho más. Continúa resistiendo al Espíritu Santo como lo estás resistiendo ahora y sellarás tu destino. Creo que si no te rindes ante Dios en los próximos diez minutos, nunca te rendirás, sino que estarás perdida para siempre". Luego oré, pero no le dije nada más, aunque de vez en cuando miraba mi reloj. La pelea continuó. ¿Qué decidiría ella? Antes de que transcurrieran los diez minutos, se rindió ante Dios.

Hay una batalla similar en los corazones de algunos de los que leen estas palabras. Algunos han llegado a darse cuenta del maravilloso amor de Dios por ustedes como nunca antes lo habían comprendido. Algunos han llegado a ver que la vida eterna es posible para ustedes hoy si tan solo eligen a Cristo. Pero el poder del mundo y del pecado y de Satanás sobre ustedes es fuerte; el mundo, el pecado y, sobre todo, Satanás, no los dejarán ir sin hacer un gran esfuerzo para mantenerlos en su poder, para cegarlos y destruir para siempre su alma.

Hombres y mujeres que no conocen a Cristo, a todos y cada uno les digo: ¡miren, miren, miren! Miren una vez más la cruz de Cristo. Mírenlo colgado allí en terrible agonía, pagando el castigo por sus pecados, y mientras miran, escuchen una vez más las preciosas palabras de la frase más maravillosa que jamás se haya escrito: *Porque de tal manera amó Dios al mundo, que dio a su Hijo unigénito, para que todo aquel que cree en Él, no se pierda, mas tenga vida eterna.* ¿Qué harán hoy con ese amor? ¿Se rendirán ante él, creerán en el Salvador y obtendrán la vida eterna? ¿O pisotearán ese maravilloso amor de Dios y volverán a decir, como han dicho a menudo: "No aceptaré a Cristo", y saldrán a perecer, a perecer eternamente?

Una noche, hace muchos años, estaba predicando el primer sermón que pronuncié en la ciudad de Chicago (pasaron algunos años antes de que me fuera a vivir allí). Fue durante la primera Convención Internacional de Trabajadores Cristianos. La mañana en que se inauguró la convención, entré un poco tarde y el comité de nominaciones acababa de presentar su informe. Y para mi sorpresa, los oí anunciar mi nombre como nominado para presidente de la convención y presidente de la Asociación Internacional de Trabajadores Cristianos. No había cumplido los treinta años y había muchos trabajadores allí que sabían de los métodos más efectivos de la obra cristiana mucho más de lo que yo había aprendido hasta entonces.

Sin embargo, no había más opción que aceptar el puesto y durante los días de aquella maravillosa convención, la presidí. La convención se llevó a cabo en la antigua Primera Iglesia Metodista en el corazón de la ciudad, en la esquina de las calles Washington y Clark. El domingo, por supuesto, la iglesia celebraba sus propios servicios, pero a mí me invitaron a predicar en el servicio de la tarde. Había habido mucha oración y el

Espíritu de Dios estaba presente con gran poder. Cuando extendí la invitación, muchos se levantaron para decir que aceptarían a Jesucristo como su Salvador y vinieron hasta el altar. Entre los que se habían levantado vi a una dama bellamente vestida cerca del frente, una mujer de aspecto inteligente; pero también noté que ella no venía al altar con los demás. Mientras se realizaba el servicio del altar, bajé y la insté a pasar al frente, pero ella se negó.

El lunes por la noche, en la sesión ordinaria de la convención, la vi entrar y tomar asiento a unas pocas filas de la parte trasera del edificio. Cuando la reunión estaba llegando a su fin, llamé al alcalde Howland de Toronto (que era vicepresidente de la convención) a presidir, y me deslicé hasta la parte trasera de la iglesia para hablar con esta dama antes de que saliera del edificio. En el momento en que se pronunció la bendición, corrí a su lado y le pregunté si podía quedarse un momento. Mientras los demás pasaban, ella se sentó y yo me senté a su lado y la insté a aceptar inmediata y sinceramente a Jesucristo.

"Déjeme contarle mi historia", me respondió. "He asistido a la escuela dominical en esta ciudad desde que era niña. Apenas falté un domingo" (me dijo qué escuela dominical era, una de las escuelas dominicales aristocráticas del lado norte). "Pero", continuó, "aunque he asistido a la escuela dominical todos estos años, ¿sabe que es la primera persona en toda mi vida que alguna vez me habló personalmente acerca de aceptar a Cristo?".

Luego pasó a contarme la historia de su vida. Tenía una educación extraordinariamente buena y ocupaba un puesto de alta responsabilidad, pero la historia que me contó de su carrera era tan impúdica que me asombró que una mujer sensata, más allá de su carácter, soñara con contarle una historia así a un hombre. Luego se apresuró a contarme cómo había pasado el domingo de Pascua anterior. Fue una historia que no puedo repetir. Al terminar, dijo con una risa burlona: "Qué forma tan divertida de pasar la Pascua, ¿no?".

Quedé asombrado y consternado. No intenté decirle nada en respuesta; no quería hacerlo. Simplemente abrí mi Biblia en Juan 3:16, se la entregué y le pedí que la leyera. Era una Biblia pequeña y tuvo que acercarla a su rostro para poder ver las palabras. Comenzó a leer con una sonrisa en los labios: *Porque de tal manera amó Dios al mundo* (la sonrisa se desvaneció; y siguió leyendo), *que dio a su Hijo unigénito*. Aquí, en un ahogo, se quebró y las lágrimas literalmente brotaron de sus ojos, para caer en la página de la Biblia y la hermosa túnica de seda que vestía. El amor de Dios había conquistado ese corazón pecaminoso, endurecido, insignificante y aparentemente desvergonzado. Oh, amigos, deseo que Su amor pueda quebrar sus corazones, derribar su dureza, incredulidad, su afán por lo mundano y la resistencia a Dios y Su amor. Miren al Señor Jesús colgado en aquella cruz en agonía indecible y dolor indescriptible, Su corazón quebrantado por ustedes, quebrantado por sus pecados. Escuchen nuevamente esta frase, la más maravillosa que jamás se haya escrito: *Porque de tal manera amó Dios al mundo, que dio a su Hijo unigénito, para que todo aquel que cree en Él, no se pierda, mas tenga vida eterna.*

Capítulo 4

El único evangelio que tiene poder salvador

Porque no me avergüenzo del evangelio, pues es el poder de Dios para la salvación de todo el que cree; del judío primeramente y también del griego (Romanos 1:16)

Pero si aún nosotros, o un ángel del cielo, os anunciara otro evangelio contrario al que os hemos anunciado, sea anatema. Como hemos dicho antes, también repito ahora: Si alguno os anuncia un evangelio contrario al que recibisteis, sea anatema (Gálatas 1:8-9)

Mi tema es "El único evangelio que tiene poder salvador". Tengo dos textos: Romanos 1:16 y Gálatas 1:8-9.

En estos días oímos muchas cosas que se dicen sobre varios evangelios. Algunos ensalzan el evangelio del servicio social, otros hablan del evangelio de la paternidad universal de Dios y de la hermandad universal del hombre, y otros hablan del evangelio del trabajo, del evangelio social o de otros varios evangelios. Pero solo hay un evangelio real, solo un evangelio que en realidad tiene poder salvador. Ese evangelio es el *evangelio de Cristo*, el evangelio que Pablo predicó y del cual dijo que si cualquier hombre, o incluso un ángel del cielo, predicara cualquier otro evangelio, sería anatema para Dios.

Todos estos evangelios tienen un defecto fatal: no salvan. Estos otros evangelios pueden parecer virtuosos, pueden describirse con una retórica encantadora, pueden predicarse con gran elocuencia, con maravillosa y bella dicción, con encantadoras figuras retóricas; pueden parecer sumamente atractivos, pero no salvan. A pesar de todas sus pretensiones y bellezas, en lugar de salvar, oscurecen, degradan y maldicen. No iluminan, ni elevan, ni salvan.

La necesidad de salvación del hombre

Lo que el ser humano necesita es la salvación, no la mera elevación social, la mejora moral o iluminación intelectual. El hombre está perdido. Todo ser humano está perdido hasta que sea salvo definitivamente. Lo único que lo salvará es el evangelio que predicó Pablo.

Todo hombre necesita salvación de la culpa del pecado. Todo hombre y mujer en esta tierra es pecador. Todo hombre y mujer en esta tierra ha pecado. Todo hombre y mujer en esta tierra ha quebrantado el primero y más grande de los mandamientos de Dios, a saber: *Amarás al Señor tu Dios con todo tu corazón, y con toda tu alma, y con toda tu mente* (Mateo 22:37-38). Por lo tanto, cada uno de nosotros es un pecador culpable ante los ojos de un Dios santo, y necesitamos la salvación de la culpa del pecado. Esa es la primera necesidad, la gran necesidad, la necesidad imperiosa, la necesidad fundamental de cada uno de nosotros.

Pero todo hombre también necesita la salvación del poder del pecado. El pecado tiene control sobre cada uno de nosotros, un dominio sobre cada uno de nosotros *que no podemos vencer con nuestras propias fuerzas. Debemos encontrar un libertador del poder del pecado. La única necesidad universal es la necesidad de salvación, la necesidad de salvación de la culpa y el poder del pecado.*

El evangelio tiene poder para salvar. Como lo expresa nuestro texto, el evangelio *es el poder de Dios para la salvación de todo el que cree; del judío primeramente y también del griego*, y ninguna otra religión o filosofía tiene poder para salvar; nada más en todo el mundo tiene poder para salvar de la culpa y del poder del pecado.

¿Qué es el evangelio?

Ahora llegamos directamente a la pregunta: ¿cuál es el evangelio que tiene poder para salvar? Evangelio significa, como supongo que todos saben, "buenas noticias" o "buenas nuevas". ¿Cuáles son las buenas nuevas, o las buenas noticias, que tienen poder salvador? El mismo Pablo nos dice cuál era este evangelio que predicaba y del cual dijo: *Es poder de Dios para salvación a todo aquel que cree.* No nos queda espacio para especular sobre eso, porque el propio Pablo define en los términos más simples y fáciles de entender exactamente cuál era el evangelio que predicaba, el evangelio que tenía poder salvador y el único evangelio que tiene poder salvador. La descripción completa y al mismo tiempo muy clara que hace Pablo del evangelio que predicaba se encuentra en 1 Corintios 15:1-4: *Ahora os hago saber, hermanos, el evangelio que os prediqué, el cual también recibisteis, en el cual también estáis firmes, por el cual también sois salvos, si retenéis la palabra que os prediqué, a no ser que hayáis creído en vano. Porque yo os entregué en primer lugar lo mismo que recibí: que Cristo murió por nuestros pecados, conforme a las Escrituras; que fue sepultado y que resucitó al tercer día, conforme a las Escrituras.*

Notemos en primer lugar, con respecto a este evangelio que Pablo predicó, que las buenas nuevas son hechos, y no teorías, ni especulaciones, ni conjeturas, sino hechos sólidos, sustanciales, establecidos, inequívocos, ineludibles y absolutamente ciertos. Eso me alegra. La mayoría de los evangelios que uno oye hoy son meras teorías. El evangelio de Cristo contiene hechos, y los hechos que constituyen las buenas nuevas fueron tres.

Primero, *Cristo murió por nuestros pecados*. Esas ciertamente son buenas noticias. Ustedes y yo somos pecadores. Cada uno de nosotros ha pecado. Si alguien hoy busca negar que sea pecador, su negación de que es pecador no lo hace menos pecador; de hecho, lo convierte aún más en un pecador, porque lo hace mentiroso además de pecador en otros aspectos. Como leemos en 1 Juan 1:8, 10: *Si decimos que no tenemos pecado, nos engañamos a nosotros mismos y la verdad no está en nosotros. Si decimos que no hemos pecado, le hacemos a Él* [a Dios] *mentiroso y su palabra no está en nosotros.*

Entonces, al negar nuestro pecado no nos hacemos menos pecadores, sino que demostramos que somos mentirosos y por lo tanto culpables del enorme pecado de hacer mentiroso a Dios. Eso es lo que hace la Cienciología Cristiana; hace mentiroso a Dios, y eso es lo que hacen todos los demás que niegan ser pecadores; hacen de Dios un mentiroso. Dios dice que somos pecadores y cuando negamos ese hecho desmentimos a Dios. Por tanto, todo hombre que niegue ser gran pecador es mentiroso, y todos los mentirosos, si no se arrepienten están condenados al fuego eterno, porque Dios dice en Apocalipsis 21:8: *Pero los cobardes, incrédulos, abominables, asesinos, inmorales, hechiceros, idólatras y todos los mentirosos tendrán su herencia en el lago que arde con fuego y azufre, que es la muerte segunda.*

Pero además de que somos pecadores, Dios es santo, infinitamente santo y no puede tolerar el pecado. Porque *muy limpios son* Sus *ojos para mirar el mal,* y Él no puede *contemplar la opresión,* y algún día ustedes y yo debemos encontrarnos con Él (Habacuc 1:13). Debemos encontrarnos con Él cargando con nuestro pecado, cargando con todo nuestro pecado sobre nosotros, o encontrar a alguien más que cargue con nuestro pecado por nosotros. Si nos encontramos con este Dios Santo con nuestro pecado sobre nosotros, entonces debemos ser desterrados para siempre de Su presencia y sufrir *el castigo de eterna destrucción, excluidos de la presencia del Señor y de la gloria de Su poder* (2 Tesalonicenses 1:9).

El evangelio nos dice que alguien más cargó con nuestro pecado en nuestro lugar. Nos dice que se ha encontrado un portador de pecados competente. Nos dice que *Cristo murió por nuestros pecados,* que el Señor Jesús pagó nuestra deuda, toda la deuda que tenemos, que aunque "el pecado había dejado una mancha carmesí, la lavó hasta blanquearla como la nieve"[3]. Incluso Isaías, setecientos años antes Cristo, vislumbró esta maravillosa verdad del evangelio. Hablando en el Espíritu Santo, dijo: *Todos nosotros nos descarriamos como ovejas, nos apartamos cada cual por su camino; pero el Señor hizo que cayera sobre Él la iniquidad de todos nosotros* (Isaías 53:6).

Entonces, si aceptamos como nuestro Salvador sustituto al Señor Jesús, quien murió por nuestros pecados, entonces no importa cuánto tiempo hayamos pecado, no importa cuán grande sea nuestro pecado. Podemos encontrarnos con Dios sin ningún pecado sobre nosotros, porque Dios mismo lo ha puesto sobre otro. Entonces el Señor Jesús, por Su muerte, nos salva completamente de toda la culpa del pecado.

El segundo hecho que constituye el evangelio es que *el Señor Jesús fue sepultado.* A primera vista, no está claro por

---

[3] Elvina M. Hall, "Jesus Paid It All," [¡Jesús lo pagó todo!] – poema e himno, 1865.

qué es una "buena noticia" pero lo es; el hecho de que haya sido sepultado muestra la realidad de Su muerte y la concreta literalidad de Su resurrección. El hecho de que Jesucristo haya sido sepultado nos muestra que Su muerte no fue una muerte falsa ni una mera ilusión; no fue simplemente un pensamiento mortal, como quieren hacernos creer los de la Cienciología Cristiana. Fue una muerte real y, por lo tanto, una verdadera expiación. Todo lo que nos ofrecen la Cienciología Cristiana y otros sistemas falsos es una expiación falsa por el pecado imaginario y, por lo tanto, solo nos ofrecen una salvación falsa. El evangelio de Cristo, el evangelio que Dios da a conocer, el evangelio que Pablo predicó, el evangelio de un Salvador que no solo murió sino que también fue sepultado, nos ofrece una verdadera expiación por los pecados que sabemos que son muy reales y muy grandes, y por lo tanto nos ofrece una salvación real de la culpa del pecado. Este verdadero evangelio le dice al pecador más vil del mundo: "Hay perfecto perdón y justificación para ti, porque el Hijo de Dios realmente murió, fue realmente sepultado y hay por tanto para ti una salvación real y perfecta de todas tus culpas. *La sangre de Jesús su Hijo nos limpia de todo pecado* (1 Juan 1:7)".

El tercer hecho de las buenas noticias es que *Jesucristo resucitó*, o como lo expresa Pablo en su descripción del evangelio en 1 Corintios 15:4: *resucitó al tercer día, conforme a las Escrituras*. Sin duda, son buenas nuevas; es una gran noticia. Son buenas noticias por muchas razones, pero especialmente desde el punto de vista de la salvación, porque muestra que Jesucristo no solo puede salvar a todos de la culpa del pecado mediante Su muerte expiatoria, sino que también puede salvar a todos del poder del pecado por Su poder de resurrección. Como dice ese maravilloso versículo de Hebreos: *Por lo cual Él también es poderoso para salvar para siempre a los que por medio de Él se acercan a Dios, puesto que vive perpetuamente para interceder por ellos* (Hebreos 7:25). No solo necesitamos la salvación de la culpa del pecado, sino que también necesitamos salvación del poder que tiene el pecado.

Supongamos que yo fuera un gran pecador y por la fe en Cristo crucificado encontrara la salvación de todas mis culpas y perfecta paz de conciencia, y saliera hoy de aquí muy feliz pensando que todos mis pecados han sido borrados. Entonces supongamos que mañana me enfrentara a las mismas viejas tentaciones que me han vencido en el pasado, por ejemplo, el apetito por la bebida, alguna forma de lujuria o impureza, las ganas de consumir drogas o un temperamento ingobernable, y no tuviera poder para resistir la tentación, y caigo. ¿Cuánto valdría tal salvación? Pero Jesucristo no solo murió y fue sepultado, sino que también resucitó. Hoy Él vive y tiene todo poder en el cielo y en la tierra para poder salvarme de mi apetito de bebida, del poder de cualquier mal deseo, de mi temperamento o cualquiera que sea mi pecado. Por muy débil que sea, puedo empezar aquí y ahora a vivir una vida limpia y victoriosa.

Ya he contado sobre el incidente de un hombre que una vez me visitó en Chicago. Este hombre pidió una entrevista privada y cuando nos sentamos solos en la oficina del Sr. Moody, me dijo:

— Quiero contarte mi historia

Continuó, relatando lo siguiente:

— Soy escocés. En Escocia, cuando tenía siete años comencé a leer la Biblia de principio a fin. Un día llegué a un pasaje de Deuteronomio que me decía que si guardaba la ley de Dios durante cien años y luego la quebrantaba en algún momento después de haberla guardado cien años, estaría bajo la maldición de la ley quebrantada de Dios. ¿Es eso cierto?

— Sí —, respondí, — la Biblia no lo dice exactamente de esa manera, pero sí dice: *Maldito el que no confirme las palabras de esta ley, poniéndolas por obra* (Deuteronomio 27:26).

— Ese es el pasaje que encontré — dijo, — y supe que ya

había quebrantado la ley de Dios, y por lo tanto supe que estaba bajo la maldición de la ley quebrantada. Aunque solo tenía siete años, estaba profundamente angustiado. Noche tras noche, me acostaba y lloraba hasta quedar dormido, pensando que estaba bajo la maldición de haber quebrantado la ley de Dios. Pero seguí leyendo mi Biblia y al año siguiente, cuando tenía ocho años, llegué a Juan 3:16. *Porque de tal manera amó Dios al mundo, que dio a su Hijo unigénito, para que todo aquel que cree en Él, no se pierda, mas tenga vida eterna.* Y toda mi carga desapareció. ¿Me convertí?

— Bueno — respondí, — eso suena como una buena conversión evangélica.

— Déjame contarte el resto de mi historia —, continuó. — Crecí hasta llegar a la edad adulta. Vine a los Estados Unidos. Aquí en Chicago encontré trabajo en los corrales. Vivo en los corrales. Ahora bien, los corrales, como usted sabe, son un lugar duro, y comencé a beber y de vez en cuando me emborracho. Lo que vengo a preguntarte es si hay alguna manera de conseguir la victoria sobre la bebida.

— Has venido al lugar correcto — le contesté. — Puedo responder a tu pregunta. *Sí* hay una manera de conseguir la victoria sobre la bebida. Solo has creído la mitad del evangelio y, por lo tanto, solo tienes la mitad de la salvación.

Le dije entonces:

— Permíteme mostrarte todo el evangelio,

Y abrí el capítulo quince de 1 Corintios y leí: "*Ahora os hago saber, hermanos, el evangelio que os prediqué, el cual también recibisteis, en el cual también estáis firmes, por el cual también sois salvos, si retenéis la palabra que os prediqué, a no ser que hayáis creído en vano. Porque yo os entregué en primer lugar lo mismo que recibí: que Cristo murió por nuestros pecados, conforme a las Escrituras; que fue sepultado y que resucitó al tercer día, conforme a las Escrituras* (1 Corintios 15:1-4)."

— Ahora — proseguí, — has creído en la primera parte de este evangelio, que Cristo murió y fue sepultado, y al creer eso, has encontrado perdón y paz.

— Sí.

— Pero eso es solo la mitad del evangelio. Hay otra mitad, y es que resucitó. ¿Crees eso?

— Creo todo lo que está en la Biblia —, me respondió.

Nuevamente pregunté:

— ¿Crees que Jesús resucitó al tercer día?

— Sí.

— Muy bien, entonces. Si resucitó al tercer día, entonces tiene todo poder en el cielo y en la tierra.

— Sí.

— Y Él tiene poder para guardarte del poder de la bebida y del poder del pecado. ¿Crees eso?

— Sí — dijo, — lo creo.

— ¿Confiarás en que Él lo hará?

— Confiaré —, respondió.

— Arrodillémonos y digámoselo a Dios —, propuse.

Nos arrodillamos uno al lado del otro. Yo oré primero y luego oró él. Estas fueron más o menos las palabras que él pronunció: "Oh Dios, he estado creyendo la mitad del evangelio y he tenido la mitad de la salvación. He creído esa parte del evangelio que me dice que Cristo murió por mis pecados según las Escrituras, y al creer eso he encontrado perdón y paz. Pero ahora he llegado a creer la otra mitad del evangelio, que Cristo no solo murió, sino que también resucitó, que tiene todo poder en el cielo y en la tierra, y que tiene poder para guardarme del poder de la bebida".

Luego cambió su forma de dirigirse y comenzó a hablarle directamente a Jesucristo. "Señor Jesús", dijo, "creo que has resucitado de entre los muertos, y creo que tienes todo poder en el cielo y en la tierra. Creo que tienes poder para salvarme de la bebida. Oh, Señor Jesús, sálvame del poder de la bebida ahora mismo. Lo pido en tu nombre. Amén".

Mientras él seguía todavía arrodillado con la cabeza inclinada en oración, le dije:

— ¿Realmente confías en que Él lo hará?

Me respondió:

— Sí, confío.

Se levantó y le di algunas instrucciones sobre cómo tener éxito en esta vida en la que había entrado. Dejó la oficina y no supe nada de él durante algunas semanas. Luego recibí una breve carta que iba muy al grano. Decía: "Estimado señor Torrey, me alegro mucho de haber ido a verlo. *Funciona*".

Sí, gracias a Dios, funciona. Funciona con cualquiera que realmente lo crea. El evangelio de un Salvador que murió, fue sepultado y resucitó tiene poder para salvar de la culpa del pecado y también tiene poder para salvar del poder del pecado. Tiene poder para *salvar perpetuamente* a quienes vienen a Dios por medio de Jesucristo. Y es el único evangelio que puede hacerlo. El evangelio de la Cienciología Cristiana, con una muerte y una resurrección falsas, no puede lograrlo. El evangelio del Nuevo Pensamiento no puede hacerlo. El evangelio de la teosofía no puede hacerlo. El evangelio del servicio social, del que tanto oímos hoy, no puede hacerlo. Ningún evangelio puede hacerlo si no es el evangelio de Jesucristo, el evangelio de un Salvador que realmente murió, que realmente fue sepultado y que realmente resucitó, Hace poco, un conocido pastor de Los Ángeles anunció que iba a predicar un evangelio "sin expiación de sangre". Bueno, si lo hace, predicará un evangelio que no puede salvar; predicará un evangelio que enviará a los hombres al infierno y no un evangelio que preparará a las personas para el Cielo. Y cualquiera que predique un evangelio de que Cristo murió, pero no el evangelio de que resucitó, predicará un evangelio que no salvará del poder del pecado. El evangelio contenido en este bendito Libro de Dios, el evangelio de que Jesús murió y resucitó, salvará. Salvará tanto de la culpa como del poder del pecado; *salvará a perpetuidad.*

A quién salva el evangelio

Pero ¿a quién salva el evangelio? No salva a todos. Este evangelio ha sido proclamado durante más de mil ochocientos años, pero aún no ha salvado a todos y nunca lo hará. Hay muchas personas en estos días que dicen que el evangelio es un fracaso porque la gran mayoría de los hombres y las mujeres no son salvos. Dicen: "El cristianismo es un fracaso, porque después de veinte siglos nuestros gobiernos no son cristianos y las guerras y otras cosas condenables siguen ocurriendo".

Sin embargo, aquí radica su error: Dios nunca tuvo la intención de que el evangelio salvara a todos. Nunca lo dio para salvar a todos. Nunca esperó que salvara a todos. Lo dio para salvar a aquellos que lo creerían y solamente a ellos. No es el cristianismo el que ha fracasado, sino el ser humano, que ha fracasado al rechazar este glorioso evangelio. El evangelio no ha fallado porque no ha salvado a todos, como tampoco falla una medicina perfectamente buena que cura a cualquiera que la toma. Solo falla cuando no cura a quienes no la toman. Dios nos ha dicho claramente desde el principio a quién salvaría el evangelio. ¿A quién salva? Escuchen. *El evangelio... es poder de Dios para salvación a todo aquel que cree.* Esto nos dice a quién salva el evangelio.

Primero, *salva a los que creen.* No a los que lo oyen, sino a los que creen. El evangelio no salva a todas las personas que lo oigan. Millones de hombres han oído el evangelio a lo largo de sus vidas, pero murieron en sus pecados y fueron al infierno. Hay muchos que piensan que simplemente oír el evangelio o vivir en una tierra cristiana los convierte en cristianos.

Una noche, me acerqué a un hombre de aspecto muy inteligente en Duluth, Minnesota. Le pregunté:
— ¿Eres cristiano?
Respondió:
— Ciertamente. ¿Crees que soy musulmán?

Pensaba que simplemente porque nació y creció en una tierra cristiana y oyó el evangelio, era cristiano. Pero eso no lo convierte en cristiano. *Creer* el evangelio, no simplemente oírlo, es lo que salva. Creer el evangelio y no simplemente escucharlo es lo que hace que uno sea cristiano. El evangelio ni siquiera salva a quien simplemente lo admira. Un hombre puede tener una gran admiración por el evangelio, por la profunda filosofía de la Biblia y, sin embargo, no ser salvo. El evangelio solo salva al que lo cree. ¿Al que cree qué cosa? Al que cree el evangelio. Lo cree de verdad, lo cree con el corazón. El que tiene esa clase de fe es llevado a la acción.

Esa fe los llevará a aceptar a Cristo como su Salvador expiatorio y a confiar en que Dios los perdonará tan solo porque Jesucristo murió por nosotros. Los llevará a aceptar a Cristo como su Salvador resucitado y a confiar en Él para librarlos del poder del pecado. Habiéndolo aceptado, esta fe los llevará a presentar una confesión abierta de Él ante el mundo. Porque escrito está: *que si confiesas con tu boca a Jesús por Señor, y crees en tu corazón que Dios le resucitó de entre los muertos, serás salvo; porque con el corazón se cree para justicia, y con la boca se confiesa para salvación* (Romanos 10:9-10).

Esta fe salva a *todo el que cree*. Como dice en nuestro texto, el evangelio *es el poder de Dios para la salvación de todo el que cree*. No hay un hombre o una mujer hoy a quien el evangelio no pueda salvar. No hay un hombre o una mujer en el mundo tan hundido en el pecado, tan perdido en todo lo que es bueno, verdadero y puro, que el evangelio no pueda salvar si tan solo creen. No hay un hombre o una mujer tan completamente débiles e indefensos en el pecado que el evangelio no les salve, si creen en él.

¿Por qué entonces hay hombres o mujeres en el mundo que no son salvos? ¿Por qué hay un hombre o una mujer en el mundo que no están salvos de la culpa y del poder del pecado? Simplemente porque no creerán.

Permítanme ilustrar esto. Hay una gran locomotora Mogul en las vías. Es de propulsión a carbón y tiene agua en la caldera. Hay fuego debajo de la caldera; el vapor sube y se acumula, generando fuerza. Esa locomotora tiene potencia para arrastrar un tren de carga muy cargado hasta la pendiente más empinada; luego, esa locomotora retrocede hacia el tren. El maquinista gira la palanca y la locomotora sube la pendiente, pero ni un solo vagón se mueve. ¿Por qué no? ¿Fue porque no había potencia en la locomotora para tirar del tren? No, había suficiente potencia para eso. ¿Cuál fue el problema? El guardafrenos no había colocado el pasador de acoplamiento.

Después la locomotora vuelve a retroceder hacia el tren de vagones. El guardafrenos va entre el ténder de la locomotora y el tren; mete un pequeño pasador de acoplamiento. Luego el maquinista gira la palanca y la locomotora arranca de nuevo. Esta vez, el tren sube la pendiente.

De la misma manera el evangelio tiene poder para salvar, si ustedes *se acoplan*. La locomotora del evangelio se encuentra en la vía; hay potencia en esa locomotora para llevar el tren más cargado de pecado por la vía. Ha subido el vapor y está iniciando el ascenso hacia la gloria. Puede hacerlo, no importa cuántas sean las toneladas de pecado, puede llevarlos hacia la gloria. Pónganse en la línea, acoplándose. La fe es el pasador de acoplamiento. Simplemente crean en el evangelio. Depende de cada hombre y mujer decir si serán salvos o no, salvos ahora mismo de la culpa y el poder del pecado. Todo depende de si creerán o no en el evangelio. ¿Ustedes creerán? *Porque no me avergüenzo del evangelio, pues es el poder de Dios para la salvación de todo el que cree.*

Capítulo 5

La gran atracción: el Cristo exaltado

Y yo, si soy levantado de la tierra, atraeré a todos a mí mismo (Juan 12:32)

Un anuncio reciente del servicio de domingo por la tarde en una de nuestras ciudades estadounidenses decía que habría tres atracciones: una película de alto nivel, un popular pianista de góspel y su esposa, y una canción de la ópera *Madame Butterfly*, interpretada por una bien conocida prima donna. Sorprende que un predicador inusualmente talentoso y popular, o su comité de publicidad, piensen que el evangelio del Hijo de Dios ha perdido su poder de atracción, por lo que se le debe reforzar agregando una selección de una ópera cuestionable, interpretada por una cantante de ópera profesional, para ayudar a nuestro Salvador y Señor, crucificado en su momento y ahora glorificado.

Este anuncio me hizo pensar: ¿cuál fue realmente la gran atracción para los hombres de hoy y de antaño? De inmediato me vinieron a la mente las palabras de nuestro texto que contienen la respuesta de Dios a esta pregunta: *Y yo, si soy levantado de la tierra, atraeré a todos a mí mismo.* Nada atrae como el Cristo exaltado. Las películas pueden atraer a una multitud de hombres y mujeres jóvenes con cabezas y corazones vacíos, e incluso a personas de mediana edad sin cerebro ni seriedad moral por un tiempo, pero nada realmente atrae y mantiene a los hombres y mujeres que valen la pena como lo hace Jesucristo resucitado. Diecinueve siglos de historia cristiana prueban el poder de atracción de Jesús cuando se lo presenta adecuadamente a los hombres. He visto algunas verificaciones maravillosas de la afirmación de nuestro texto en cuanto al maravilloso poder de atracción del Cristo exaltado.

En Londres, durante dos meses seguidos, seis tardes y noches cada semana, vi el gran Royal Albert Hall lleno e incluso abarrotado, y a veces se retiraban tantas personas como las que entraban a pesar de que, según el recuento real, tenía capacidad para diez mil personas y dos mil más de pie en el sector de la cúpula. La noche inaugural de estas reuniones, un destacado periodista de la ciudad de Londres se acercó a mí antes de que comenzara el servicio y me preguntó:

— ¿Ha reservado este edificio durante dos meses consecutivos?
— Sí.
— ¿Y espera llenarlo todos los días?
— Sí.
— Bueno —, dijo, — nadie ha intentado jamás celebrar aquí reuniones de ningún tipo durante dos semanas consecutivas. El propio Gladstone[4] no pudo llenarlo durante dos semanas. ¿Y realmente espera llenarlo durante dos meses?

Le respondí:
— Ven y verás.

Así que vino, y lo vio.

La última noche, cuando el lugar estaba abarrotado al

---

[4] William Ewart Gladstone fue un estadista y político liberal británico. Tuvo una carrera que duró más de sesenta años, doce años como primer ministro del Reino Unido y doce años como ministro de Hacienda. Se le conoció cariñosamente como "El William del pueblo".

máximo de su capacidad y miles de personas afuera clamaban por ser admitidos, volvió a visitarme y le pregunté:

— ¿Se ha llenado?

Él sonrió y me dijo:

— Así es.

¿Pero qué fue lo que lo llenó? Ningún espectáculo del mundo podría haberlo llenado siquiera una vez al día durante muchos días consecutivos. El predicador no era un orador notable. No tenía el don del ingenio y el humor; además, no lo habría ejercido si lo hubiera tenido. Los periódicos constantemente llamaban la atención sobre el hecho de que él no era un orador, pero la multitud seguía acudiendo. En días lluviosos y soleados se amontonaban o se quedaban afuera, a menudo bajo un aguacero, con la vana esperanza de entrar. ¿Qué los atraía? El Cristo exaltado, predicado y cantado en el poder del Espíritu Santo, dado en respuesta a las oraciones diarias de cuarenta mil personas esparcidas por toda la tierra.

En Liverpool, el Tournament Hall tenía capacidad para unas doce mil quinientas personas cómodamente ubicadas. Estaba ubicado en una zona muy apartada de la ciudad, a varias cuadras de la línea de tranvía más cercana, tal vez a media milla de todas las líneas regulares de tranvía. Ese salón se llenó noche tras noche durante tres meses, y la última noche apiñaron en el edificio a quince mil personas a las siete en punto, luego lo vaciaron y apiñaron a otras quince mil que habían estado esperando pacientemente afuera. ¡Treinta mil personas atraídas en una sola noche! ¿Por qué? ¿Por quién? No por el predicador, ni por el cantante, sino por Aquel que había dicho casi mil novecientos años antes: *Y yo, si soy levantado de la tierra, atraeré a todos a mí mismo.*

El significado exacto del texto

Primero, noten quién es el orador y cuáles fueron las circunstancias bajo las cuales habló. El orador fue nuestro Señor Jesús. No el Cristo de la imaginación de los hombres, sino el Cristo de la realidad, el Cristo de los hechos históricos reales. No el Cristo de la tonta fantasía de Mary Baker Eddy o de las imaginaciones místicas de Madame Besant, sino el Cristo de la realidad.[5] El Cristo que vivió aquí entre los hombres y fue visto, oído y tocado por los hombres, y que pronto iba a sufrir una muerte real para salvar a los pecadores reales de un infierno real a un Cielo real, ese es el orador.

Estas fueron las circunstancias: algunos griegos entre los que habían venido a adorar en la fiesta judía se acercaron al apóstol Felipe y le dijeron: *Queremos ver a Jesús*. Felipe fue a donde estaba a Andrés y le contó lo que decían estos griegos. Andrés y Felipe juntos fueron y se lo contaron a Jesús. En el clamor del corazón de estos griegos, *queremos ver a Jesús*, nuestro Señor reconoció el anhelo del corazón universal, tanto del griego como del judío, por un Salvador que satisficiera ese deseo. Los griegos tenían sus filósofos y sabios, sus aspirantes a satisfactorios y salvadores, los más grandes que el mundo haya conocido jamás: Sócrates, Aristóteles, Platón, Epícteto, Epiménides y muchos otros. Pero no salvaban, ni saciaban, y los griegos gritaron: *Queremos ver a Jesús*. En su entusiasmo, Jesús previó los millones de todas las naciones que acudirían a Él cuando hubiera sido crucificado como Salvador universal, satisfaciendo todas las necesidades de toda la humanidad, por eso clamó: *Y yo, si soy levantado de la tierra, atraeré a todos a mí mismo*.

En segundo lugar, noten las palabras *si soy levantado*. ¿A qué

---

[5] Mary Baker Eddy fue una autora estadounidense, fundadora de la Cienciología Cristiana. En 1866 afirmó haber descubierto el mismo principio divino que usó Jesús para sanarse a sí misma. Madame Besant británica, fue una socialista, teósofa, masónica, activista por los derechos

se refiere Jesús? El siguiente versículo responde a esa pregunta. *Pero Él decía esto para indicar de qué clase de muerte iba a morir* (Juan 12:33). Jesús se refirió a Su exaltación en la cruz para morir como Salvador expiatorio por toda la humanidad. Este versículo se cita a menudo como si significara que si exaltamos a Cristo en nuestra predicación, Él atraerá a los hombres. Eso es cierto, y es una verdadera lástima que no lo exaltemos más en nuestra predicación; atraeríamos a mucha más gente si lo hiciéramos. Pero ese no es el significado de nuestro Señor. La exaltación se refería claramente a que Sus enemigos lo levantaron en la cruz para exponerlo a una vergüenza terrible y a una muerte agonizante, no a que Él no fuera exaltado en nuestra predicación. Es el Cristo crucificado quien atrae; es el Cristo crucificado quien satisface las necesidades más profundas de los corazones de toda la humanidad. Es un Salvador expiatorio, un Salvador que expía los pecados de los hombres con Su muerte y así los salva de la ira santa de un Dios infinitamente santo, que satisface las necesidades de los hombres y así atrae a todos los hombres, porque todos los seres humanos son pecadores. Prediquen cualquier Cristo que no sea un Cristo crucificado y no atraerán a la gente por mucho tiempo. Prediquen cualquier evangelio que no sea un evangelio de sangre expiatoria y no les atraerá por mucho tiempo.

El unitarismo no atrae a los hombres. Las iglesias unitarias nacen solo para morir. Sus cadáveres se encuentran hoy esparcidos por Nueva Inglaterra. Muchos de sus ministros han estado intelectualmente entre los más brillantes que nuestro país haya conocido, pero sus iglesias, incluso bajo ministros eruditos y brillantes, mueren, mueren, mueren. ¿Por qué? Porque el unitarismo presenta un evangelio sin sangre expiatoria y Jesús ha dicho, y la historia ha demostrado que es cierto: *Y yo, si soy levantado de la tierra, atraeré a todos a mí mismo.*

La Cienciología Cristiana, extrañamente llamada así porque

con verdad se ha dicho que "no es cristiana ni científica", atrae multitudes de hombres y mujeres de cierto tipo, hombres y mujeres que tienen o imaginan que tienen dolencias físicas y que seguirán cualquier cosa, por absurda que sea, que les prometa un poco de alivio de sus dolores reales o imaginarios. También atrae a multitudes que desean imaginar que tienen alguna religión sin pagar el precio de la religión verdadera, el amor genuino, el verdadero sacrificio propio y la costosa compasión. Pero la Cienciología Cristiana no atrae a todos los hombres y mujeres, es decir, a todos los tipos, condiciones y rangos de hombres y mujeres. De hecho, en su mayor parte, no atrae a hombres en absoluto, sino a mujeres, y los supuestos hombres que atrae son en su mayoría mujeres con pantalones y hombres que ven una manera fácil de ganarse la vida aprovechándose de la credulidad de las mujeres desafortunadas. No, un evangelio sin la sangre de Cristo, un evangelio con un Cristo pero que no es el Cristo levantado en una cruz, no satisface las necesidades universales de los hombres. No atrae a todos los hombres.

El congregacionalismo de los últimos años ha estado tristemente teñido de unitarismo. A pesar de haber sido testigo ocular de la constante decadencia y muerte del unitarismo, el congregacionalismo ha eliminado de su teología en gran medida la sangre expiatoria y en consecuencia, está fracasando rápidamente. Su antes gran Seminario de Andover sigue siendo grande en el tamaño de su dotación, otorgada para la enseñanza de la ortodoxia bíblica, pero los maestros sin conciencia de su teología desprovista de la sangre de Cristo han explotado deliberadamente sus *herejías destructoras* (2 Pedro 2:1). Aunque sigue siendo grande en número de profesores, en la ceremonia de graduación anual la primavera pasada solo hubo tres egresados: un japonés, un hindú y un estadounidense. Una teología sin un Salvador crucificado, sin la sangre expiatoria, no atraerá a la gente. No satisface la necesidad. No, no, las palabras de nuestro Señor siguen siendo ciertas: *Y yo, si soy levantado de la tierra, atraeré a todos a mí mismo.*

Y tercero, noten las palabras *atraeré a todos*: ¿todos significa todos los individuos o personas de todas las razas? ¿Quiso decir Jesús que todos los hombres y mujeres que vivieron en esta tierra se sentirían atraídos hacia Él, o quiso decir que hombres de todas las razas se sentirían atraídos hacia Él? El contexto responde a la pregunta. Los griegos, como hemos visto, acudieron a uno de los apóstoles, Felipe, y le dijeron: *Queremos ver a Jesús,* y Felipe fue y se lo dijo a Andrés, y Andrés y Felipe fueron y se lo dijeron a Jesús. El ministerio de nuestro Señor durante Su vida terrenal fue únicamente para los judíos. Con la venida de estos griegos tan poco antes de Su muerte, nuestro Señor vio el presagio de los días venideros cuando por Su muerte en la cruz la barrera entre judíos y gentiles sería derribada, y todas las naciones tendrían su oportunidad en igualdad de condiciones con los judíos. Sabía que por Su muerte expiatoria en la cruz, las personas de todas las naciones serían atraídas hacia Él. No dijo que atraería a cada individuo, sino que atraería a todas las razas, tanto griegos como judíos, romanos, escitas, franceses, ingleses, alemanes, japoneses, estadounidenses y gentes de todas las naciones.

Él es un Salvador universal y el verdadero cristianismo es una religión universal. El islam, el budismo, el confucionismo y todas las demás religiones, excepto el cristianismo, son religiones de aplicación restringida. El cristianismo, con Cristo crucificado como centro, es una religión universal y satisface las necesidades de toda la humanidad. Satisface las necesidades de los estadounidenses así como las necesidades de los asiáticos, las necesidades de Occidente así como las necesidades de Oriente, las necesidades de los indios americanos y las necesidades de los afroamericanos. Nuestro Señor dijo: *Y yo, si soy levantado de la tierra, atraeré a todos a mí mismo.*

Nunca se ha encontrado ninguna raza en esta tierra a la que el evangelio no atrajera y cuya necesidad más profunda el Cristo crucificado no supliera. Hace muchos años, Charles Darwin, el eminente científico inglés, entró en contacto con la tribu de Tierra del Fuego en su miserable barbarie. Declaró públicamente que se trataba de un pueblo al que en vano sería enviar misioneros, porque el evangelio no podía hacer nada por ellos. Pero hubo valientes hombres de Dios que fueron allí y les llevaron el evangelio en el poder del Espíritu Santo. Demostraron que el evangelio satisfacía las necesidades de los fueguinos con tan buenos resultados que Charles Darwin admitió públicamente su error y se convirtió en suscriptor de la obra.

El evangelio con un Cristo crucificado como centro satisface las necesidades de todas las condiciones y clases de hombres, así como de todas las razas. Satisface las necesidades del millonario y las necesidades del pobre, satisface las necesidades de grandes hombres de ciencia como James D. Dana y Lord Kelvin, y las necesidades del hombre o mujer que no sabe leer ni escribir, satisface la necesidad del rey en el trono y la necesidad del trabajador en el foso. Con mis propios ojos he visto caer bajo su atracción y ser salvados por su poder a nobles y jóvenes sirvientas, decanos de universidades y hombres que apenas sabían leer, prisioneros en penitenciarías y líderes de elevada moral, abogados brillantes y trabajadores aburridos y laboriosos. Pero fue solo porque el centro de mi predicación es el Cristo crucificado y Su obra expiatoria.

En cuarto lugar, fíjense en las palabras *a mí mismo*. *Atraeré a todos a mí mismo*. Eso fue exactamente lo que dijo Jesús: *Y yo, si soy levantado de la tierra, atraeré a todos a mí mismo*. Jesús no atrae a los hombres a un credo o a un sistema de doctrina, sino a una persona, a Sí mismo. Eso es lo que necesitamos: una persona, a Jesús mismo. Ese Jesús que dijo: *Venid a mí, todos los que estáis cansados y cargados, y yo os haré descansar*

(Mateo 11:28). Los credos y las confesiones de fe están bien en su lugar; son de gran valor. La iglesia organizada es de gran valor. Es indispensable, y es la institución más importante del mundo de hoy. La sociedad pronto se arruinaría sin ella; todos tenemos la obligación solemne ante Dios y ante nuestros semejantes de apoyarla y pertenecer a ella. Pero los credos y las confesiones de fe no pueden salvar, la iglesia no puede salvar; la persona divina, Jesucristo, es quien puede salvar, y solo Él. Por eso dice: *Y yo, si soy levantado de la tierra, atraeré a todos a mí mismo.*

Por qué Cristo exaltado atrae a todos hacia Sí mismo

Pero ¿por qué Cristo levantado en la cruz, el Cristo crucificado, atrae a todos hacia Sí mismo? Hay dos razones.

En primer lugar, Cristo crucificado atrae a todos hacia Sí mismo porque Cristo crucificado satisface la primera, la más profunda, la más grande y fundamental necesidad del ser humano. ¿Cuál es la primera, más grande, más profunda y más fundamental necesidad del ser humano? La de un Salvador. ¿Un Salvador que le salve de qué? En primer lugar, y subyacente a todo lo demás, un Salvador que le salve de la culpa del pecado. Toda persona, de toda raza, ha pecado. Como lo expresó Pablo en Romanos 3:22-24: *Porque no hay distinción; por cuanto todos pecaron y no alcanzan la gloria de Dios.* No hay diferencia entre judíos y gentiles en este punto, ni tampoco hay diferencia entre inglés y alemán en este punto; en este punto no hay diferencia entre estadounidenses y japoneses, ni entre europeos y asiáticos, ni entre americanos y africanos. *Porque no hay distinción; por cuanto todos pecaron y no alcanzan la gloria de Dios.*

Todo ser humano de toda raza es pecador; *no hay distinción* en este punto. Y cada uno responderá por su pecado ante el Dios infinitamente Santo que gobierna este universo. Por lo tanto, todos necesitamos un Salvador expiatorio que pueda, mediante Su muerte expiatoria, hacer propiciación y así encubrir nuestros pecados. De esta manera, Él puede reconciliarnos con este Dios Santo, librarnos de Su terrible ira y llevarnos a la gloriosa luz del sol de Su favor. Y Jesús exaltado es el único Salvador expiatorio en el universo. Solo Él era al mismo tiempo Dios y hombre, por lo que solo Él puede hacer expiación por el pecado. Él ha hecho la expiación perfecta y Dios ha aceptado Su expiación y ha dado testimonio de que aceptaba Su expiación al levantarlo de entre los muertos.

El Señor Jesús realmente suple nuestra necesidad; en realidad, Él y solo Él satisface la primera, más grande, más profunda y más fundamental necesidad de cada hombre. En todo el universo, ninguna otra religión con excepción del cristianismo ofrece siquiera un Salvador expiatorio. El islam ofrece a Mahoma, "el Profeta", un maestro, pero no es un Salvador. El budismo ofrece a Buda, supuestamente al menos un maestro maravilloso, "la Luz de Asia", pero no es un Salvador expiatorio. El confucionismo ofrece a Confucio, un maestro maravilloso muy adelantado a su tiempo, pero no es un Salvador expiatorio.

Ninguna religión ofrece un Salvador expiatorio, una expiación de carácter real, excepto el cristianismo. Este es el punto radical de diferencia entre el cristianismo y cualquier otra religión del mundo; sin embargo, hay predicadores necios que están tratando de eliminar esto del cristianismo, el punto mismo de la diferencia radical respecto de todas las demás religiones. Pero un cristianismo tan castrado no satisfará las necesidades de las personas, ni atraerá a la gente. Nunca lo ha hecho y nunca lo hará. La Biblia y la historia están de acuerdo en este punto. Jesucristo se ofrece a Sí mismo levantado en la cruz para redimirnos de la maldición de la ley, convirtiéndose en maldición por nosotros. *Cristo nos redimió de la maldición de la ley, habiéndose hecho maldición por nosotros (porque escrito está: Maldito todo el que cuelga de un madero)* (Gálatas 3:13).

Las personas conocen su necesidad; pueden tratar de olvidarla, negarla o ahogar su sensación con la bebida, la distracción o la búsqueda alocada de placeres y la obtención desenfrenada de dinero. Es posible que escuchen a falsos predicadores en púlpitos supuestamente ortodoxos, como uno que en esta ciudad declaró recientemente que "el viejo sentido de pecado está desapareciendo rápidamente" y "el cambio es para mejor, no para peor". También habló de "pecados imaginarios y artificiales, como el pecado de incredulidad". Continuó diciendo: "En esto estamos de acuerdo con Cristo", aparentemente sin saber lo suficiente acerca de la Biblia como para saber que Jesús mismo fue quien dijo en Juan 16:8-9: *Y cuando Él venga, convencerá al mundo de pecado, de justicia y de juicio; de pecado, porque no creen en mí.*

Pero a pesar de todos nuestros intentos de ahogar, pasmar o silenciar nuestro sentido de pecado, nuestra conciencia de culpa ante un Dios santo (todos la tenemos), no acallará a la culpa, como sucedía con el fantasma de Banquo en Macbeth. Nada da paz duradera a la conciencia culpable excepto la sangre expiatoria de Jesucristo. Y así, Cristo *exaltado* atrae a todas las personas hacia Él, e incluso los ministros malvados de Satanás como el predicador al que acabo de referirme, a veces vuelven en sí y corren hacia el Cristo real, el *Cristo crucificado*, como espero que lo haga él. Sí, Jesús, sólo Jesús, Jesús *levantado en la cruz*, Jesús crucificado por nuestros pecados, haciendo plena expiación por nuestros pecados, Él y solo Él satisface la necesidad más profunda de todos nosotros y por eso Su cruz nos atrae a todos hacia Él.

Feliz el hombre o la mujer que se entrega a esa atracción. Ay del hombre o mujer que se resista a esa atracción; su suerte es la tristeza última, el desaliento y la desesperación. Oh, a mí han acudido muchos hombres y mujeres a quienes se les han abierto los ojos a los hechos y al ver su terrible culpa se han hundido en la más profunda desesperación. A ellos les señalé a Jesús en la cruz y les mostré mediante la Palabra de Dios que todos sus pecados fueron cargados sobre Él y así se saldó su deuda. Han venido a Él y han creído en el testimonio de Dios acerca de Él, de que Él había llevado todos sus pecados en Su propio cuerpo en la cruz; han encontrado paz perfecta y gozo sin límites. Y esa es la única manera de encontrar la paz perfecta y el gozo sin límites.

¿Ustedes se propondrán encontrar la paz? Si no lo hacen, algún día les aguardará una gran tristeza y una desesperación absoluta, en este mundo o en el mundo venidero.

En mis inicios como pastor traté de que un hombre viniera al *Cristo exaltado* para satisfacer su necesidad de perdón. Aunque fue hace muchos años, se aferró a la teología que hoy se predica como "nueva teología" y buscó acallar la voz de la conciencia y aturdir su sentido de pecado al negar su culpa y su necesidad de un Salvador expiatorio. No quería escucharme ni verme. Pero llegó la hora en que la muerte estaba cerca. El cáncer se estaba abriendo camino a través del cuero cabelludo y el cráneo hasta llegar a su cerebro; luego clamó a quienes estaban alrededor de su lecho de muerte: "Busquen al Sr. Torrey".

Corrí a su lado. Él estaba desesperado. "¡Oh!", me dijo, "el Dr. Tidhall me dice que me queda poco tiempo de vida. Tan pronto como este cáncer avance un poco más y devore la fina película del cráneo y toque el cerebro, seré hombre muerto. Dime cómo ser salvo". Me senté a su lado y le dije qué hacer para ser salvo. Intenté dejar lo más claro que pude el camino de la salvación a través del *Cristo exaltado*, el Cristo levantado en la cruz, y creo que supe cómo dejarlo en claro, pero él había esperado demasiado. No pudo captarlo.

Me quedé con él. Llegó la noche. Le dije a su familia: "Han estado despiertos noche tras noche con él; me sentaré con él esta noche". Me indicaron qué hacer, cómo atender a sus necesidades.

Una y otra vez durante la noche tenía que ir a otra habitación para conseguir algo de alimento para él, y cuando regresaba a la habitación donde yacía, desde su cama en la esquina escuchaba su grito constante: "Oh, ojalá fuera cristiano. Oh, desearía ser cristiano. Oh, desearía ser cristiano". Y así murió.

En segundo lugar, *Cristo levantado en la cruz, Cristo crucificado atrae a todos los hombres hacia Él*, porque exaltado allí para morir por nosotros revela Su maravilloso amor y el maravilloso amor del Padre por nosotros. *En esto conocemos el amor: en que Él puso su vida por nosotros* (1 Juan 3:16) y *Pero Dios demuestra su amor para con nosotros, en que siendo aún pecadores, Cristo murió por nosotros* (Romanos 5:8). No hay nada que atraiga a las personas como el amor. El amor atrae a todos los seres humanos, en todos los climas. Pero ningún otro amor atrae tanto como el amor de Dios. Juan 3:16, *Porque de tal manera amó Dios al mundo, que dio a su Hijo unigénito, para que todo aquel que cree en Él, no se pierda, mas tenga vida eterna*, ha quebrantado miles de corazones duros.

Una noche, mientras predicaba en mi propia iglesia en Minneapolis, todo el coro se quedó para la reunión posterior. La soprano principal era una joven inteligente, pero vivía una vida mundana. Ella se quedó con el resto. En la reunión, su madre, sentada en la parte trasera de la iglesia, se puso de pie y dijo: "Me gustaría que oraras por la conversión de mi hija". No miré alrededor, pero supe instintivamente que las mejillas de su hija estaban sonrojadas y sus ojos brillaban de ira.

Tan pronto como terminó la reunión, corrí hacia abajo para poder encontrarme con ella antes de que saliera de la iglesia. Cuando ella vino hacia mí, le tendí la mano. Golpeó el piso con el pie y con ojos centelleantes clamó: "Sr. Torrey, mi madre sabe que no debe hacer eso. Ella sabe que eso solo me hará empeorar".

Le dije: "Siéntate, Cora". Ella se sentó y, sin ningún argumento, abrí mi Biblia en Isaías 53:5. Comencé a leer: *Mas Él fue herido por nuestras transgresiones, molido por nuestras iniquidades. El castigo, por nuestra paz, cayó sobre Él, y por sus heridas hemos sido sanados.* Ella rompió a llorar y la noche siguiente aceptó a Jesucristo.

Tuve que ir a Duluth por unos días y cuando regresé, me encontré con que esta joven estaba gravemente enferma. Una mañana su hermano vino corriendo a mi casa y dijo que aparentemente se estaba muriendo, que estaba inconsciente y blanca por la pérdida de sangre. Me apresuré a bajar y, cuando entré en la habitación, ella yacía allí con los ojos cerrados y con el rostro más pálido que jamás haya visto en alguien que en realidad no estuviera muerto. Al parecer estaba inconsciente y apenas respiraba. Me arrodillé a su lado para orar, más por el bien de la madre que estaba junto a la cama que por ella, porque supuse que no podía recibir ayuda ni oírla.

Pero tan pronto como terminé mi oración, ella comenzó a orar en un tono claro, pleno y ricamente musical. Esta fue la esencia de sus palabras: "Padre Celestial, si es Tu voluntad, levántame para que, así como he usado mi voz para mí y solo para complacerme a mí misma, pueda usar mi voz para Tu gloria; pero si en Tu sabiduría ves que es mejor para mí no vivir, estaré contenta de ir a estar con Cristo", y partió a estar con Cristo.

Oh, he visto a miles derretirse mientras les repetía y les mostraba la imagen de Cristo en la cruz como se cuenta en Isaías 53:5: *Mas Él fue herido por nuestras transgresiones, molido por nuestras iniquidades. El castigo, por nuestra paz, cayó sobre Él, y por sus heridas hemos sido sanados.*

Hace unos días recibí una revista misionera que contenía el testimonio de una persona que iba a Egipto bajo la Misión General de Egipto. Este joven misionero dijo: "Cuando tenía doce años, durante las reuniones de Torrey-Alexander en 1904, entregué mi corazón al Señor Jesucristo. El Dr. Torrey habló sobre el texto de Isaías 53:5 y nos pidió que repitiéramos las palabras con él, pero que cambiáramos las palabra *nuestras* por la palabra *mis*. Mientras repetía el texto de esta manera, de repente me di cuenta como por primera vez de que Jesús realmente había sufrido todo esto por mí, y en ese mismo momento le entregué mi vida".

¡Oh, hombres y mujeres, miren ahora! Vean a Jesucristo levantado en la cruz, véanlo colgado en esa terrible cruz, véanlo herido por las transgresiones de ustedes, molido por sus iniquidades, con el castigo impuesto sobre Él que resulta en la paz de ustedes. Oh, hombres y mujeres que viven en pecado, hombres y mujeres que rechazan a Cristo por el mundo, hombres y mujeres que han mirado las mentiras de la Cienciología Cristiana, el unitarismo y otros sistemas que niegan Su sangre expiatoria, ¡escuchen! *Mas Él fue herido por nuestras transgresiones, molido por nuestras iniquidades. El castigo, por nuestra paz, cayó sobre Él, y por sus heridas hemos sido sanados.* ¿No cederán a ese amor? ¿No renunciarán a su pecado, a sus placeres mundanos, a sus errores cometidos adrede y aceptarán al Salvador que los ama y murió por ustedes? Él fue herido por sus transgresiones, molido por sus iniquidades, y sobre Él fue puesto el castigo que les da a ustedes su paz. Acéptenlo ahora mismo.

Capítulo 6

La pregunta más importante del día

¿Qué haré entonces con Jesús, llamado el Cristo?
(Mateo 27:22)

Si hoy le preguntara a la audiencia: "¿Cuál es la pregunta más importante del día?", supongo que obtendría una gran variedad de respuestas. Algunos dirían que sería sobre el desarme, o sobre el Tratado de las Cuatro Potencias.[6] Algunos dirían que el tema laboral es la pregunta más importante del día. Y otros más dirían que la prohibición es el tema más importante, y así sucesivamente. Pero todas estas respuestas estarían equivocadas. Hay otra pregunta que importa mucho más que cualquiera de estas, una pregunta de la que depende muchísimo más que de la decisión sobre cualquiera de estas preguntas. La pregunta es esta: *¿Qué haré entonces con Jesús, llamado el Cristo? (Mateo 27:22).*

No es una pregunta nueva. Poncio Pilato se la hizo a sí mismo hace más de dos mil años y respondió erróneamente; su vida

---

[6] El Tratado de las Cuatro Potencias fue un tratado firmado por Estados Unidos, Gran Bretaña, Francia y Japón en la Conferencia Naval de Washington el 13 de diciembre de 1921.

terrenal se apagó en tinieblas y arruinó su eternidad. Miles y miles de personas la han formulado desde entonces. Todo lo que realmente vale la pena tener para este tiempo y para la eternidad depende de la decisión correcta sobre esa pregunta, para cada uno de nosotros. Si hacen lo correcto con Jesús, el Cristo de Dios, obtendrán todo lo que vale la pena tener tanto para este tiempo como para la eternidad, ya sea que tomen una decisión correcta sobre esas otras preguntas o no. Si hacen lo incorrecto con Jesús, el Cristo de Dios, perderán todo lo que vale la pena tener tanto para este tiempo como para la eternidad, incluso si todas esas otras preguntas se respondieran bien.

Lo que obtenemos si hacemos lo correcto con Jesucristo

En primer lugar, si hacen lo correcto con Jesús obtendrán el perdón de todos sus pecados. El apóstol Pedro dice en Hechos 10:43: *De este dan testimonio todos los profetas, de que por su nombre, todo el que cree en Él recibe el perdón de los pecados.* Ahora bien, esta declaración es tan clara como el día, y en ella el apóstol inspirado de Dios declara que todo aquel que cree en Jesucristo *recibirá remisión de [sus] pecados.* Si el pecador más vil de la tierra viniera aquí hoy y pusiera su confianza en Jesucristo, en el momento en que lo hiciera, todos sus pecados serían perdonados y borrados.

El perdón de nuestros pecados depende únicamente de lo que hagamos con Jesucristo. No depende de nuestras oraciones, nuestras penitencias o nuestras buenas obras. Si hacen lo correcto con Jesucristo, obtendrán el perdón de todos sus pecados sin importar qué más puedan o no hacer. Si hacen lo incorrecto con Jesucristo, no obtendrán el perdón de sus pecados sin importar qué más hagan o no. La misma verdad se expresa de manera diferente en Juan 3:18: *El que cree en Él no es condenado; pero el que no cree, ya ha sido condenado, porque no ha creído en el nombre del unigénito Hijo de Dios.*

¡Qué bendición tan indescriptible es el perdón de todos tus pecados! La riqueza, los honores y los placeres no son tan deseables como el perdón de nuestros pecados. Todos juntos no pueden compararse con el perdón de nuestros pecados. El perdón del pecado trae alegría dondequiera que llegue, ya sea en el palacio o en la celda de la prisión. El rey David tenía riquezas, honores, poder, placeres y privilegios sin número, pero no era feliz. De hecho, se sentía perfectamente miserable. Su propia descripción de su condición se encuentra en el salmo treinta y dos: *Mientras callé mi pecado, mi cuerpo se consumió con mi gemir durante todo el día. Porque día y noche tu mano pesaba sobre mí; mi vitalidad se desvanecía con el calor del verano* (Salmo 32:3-4). Entonces encontró el perdón de sus pecados y en su gozo gritó: ¡Cuán bienaventurado es aquel cuya transgresión es perdonada, cuyo pecado es cubierto! ¡Cuán bienaventurado es el hombre a quien el Señor no culpa de iniquidad! (Salmo 32:1-2).

En una miserable celda de la prisión de Sing Sing (Nueva York), había un hombre condenado a quince años de prisión por homicidio involuntario. Por supuesto, era un hombre muy infeliz. Pero allí en su celda encontró una Biblia y la leyó, y a través de la Biblia, el Espíritu Santo le mostró al Señor Jesús como su Salvador quien murió en su lugar, y aceptó a Jesucristo como su Salvador. Fue en medio de la noche cuando finalmente encontró al Salvador a través de la meditación de lo que había leído en la Palabra de Dios, y aunque era en medio de la noche y en una celda de prisión, tal gozo entró en su alma que empezó a gritar. Llegó el guardia, llamó a su puerta y le dijo que se aquietara. "No puedo quedarme callado", gritó, "mis pecados han sido perdonados". Sí, hay un gozo más maravilloso en saber que todos nuestros pecados están perdonados que en cualquier cosa que este mundo tenga para dar. Y obtenemos este perdón de pecados simplemente creyendo en el Señor Jesucristo.

En segundo lugar, obtendrán paz de conciencia al hacer lo correcto con Jesucristo. Es una bendición tener una conciencia que no les acusa, una conciencia que ha encontrado la paz perfecta. Es terrible tener una conciencia que acusa. Es la mayor miseria de la tierra. Lleva a muchos hombres y muchas mujeres al suicidio. ¡Oh, con qué agonía mental han venido a mí hombres y mujeres de diferentes rangos de la sociedad debido a una conciencia acusadora! Y hay muchos que nunca descargan su corazón con los demás y sufren angustia miserable por la misma causa. Hay hombres y mujeres que pasan días y noches de aflicción a causa de una conciencia acusadora. Pueden tratar de acallar la voz de la conciencia de muchas maneras, pero fracasarán por completo. Podrían intentar que se ahogue la voz de la conciencia buscando el placer y el libertinaje. Podrían intentar que callara la voz de la conciencia con los negocios, la bebida y las drogas, o de otras maneras; pero no lo logran. Nunca lo lograrán.

Alguien que tal vez sepa tanto como cualquiera sobre la vida de The Movie Colony en Hollywood[7] le contó a un amigo mío hace unas semanas acerca de dos de las estrellas más importantes del mundo del cine, dos mujeres cuyos nombres aparecen constantemente en los periódicos y que son admiradas y envidiadas por miles, pero eran esclavas irremediables de las drogas. En todo este vecindario la gente es considerada superdotada y otras, admiradas con envidia, pero están tratando de silenciar la voz de la conciencia con drogas. Pero nadie ha encontrado todavía la paz real de esa manera y nadie la encontrará jamás. Sólo Jesucristo puede dar paz a la conciencia culpable.

En Romanos 5:1, a través del apóstol Pablo, Dios lo expresó

---

7   The Movie Colony es un vecindario en Palm Springs, California, llamado así por las muchas estrellas de cine que tuvieron casas allí entre las décadas de 1930 y 1960.

de esta manera: *Por tanto, habiendo sido justificados por la fe, tenemos paz para con Dios por medio de nuestro Señor Jesucristo.* Hagan lo correcto con Jesucristo y obtendrán verdadera paz de conciencia: paz profunda y duradera, paz perfecta. Como dijo Isaías: *Al de firme propósito guardarás en perfecta paz, porque en ti confía* (Isaías 26:3). Pero si hacen lo incorrecto con Jesucristo, no podrán encontrar paz de conciencia en este mundo ni en el próximo, sin importar qué más hagan para tratar de conseguir la paz.

Una vez conversaba en mi oficina con una mujer que me dijo que había estado en un infierno perfecto debido a una conciencia acusadora durante catorce años. Le señalé a Jesucristo. Le mostré en la Palabra de Dios cómo todos sus pecados habían sido cargados sobre Jesucristo. Ella lo creyó. Ella tomó la Palabra de Dios y puso su confianza en Él como su Salvador expiatorio. Después de catorce años de agonía, del infierno en la tierra, ella salió de mi oficina ese día con un semblante radiante porque había encontrado la paz de conciencia de la única manera en que alguien puede encontrar la paz de conciencia: a través de su Señor Jesucristo. Y esa alegría continúa hasta el día de hoy.

En tercer lugar, obtendrán liberación del poder del pecado si hacen lo correcto con Jesucristo. Es algo terrible estar en el poder del pecado. No hay otra esclavitud tan vinculante, tan degradante y tan aplastante como la esclavitud del pecado. Todos sabemos lo terrible que es estar en el poder de algunos pecados. Todos sabemos, por ejemplo, lo terrible que es estar bajo el poder de la bebida y el alcohol. Sabemos lo terrible que es estar bajo el poder de la morfina, la cocaína o cualquier otro tipo de droga. Muchos conocemos personalmente o a través de otros, historias angustiosas y agonizantes, lo terrible que es estar bajo el poder de la lujuria. ¿Cuántos hombres han venido a mí desesperados el año pasado y me han contado la historia de su terrible esclavitud? Es algo terrible estar bajo el poder del pecado, de cualquier tipo que sea.

Sin embargo, existe una manera de liberarse. Hay una manera por la cual cualquier hombre o mujer que sea esclavo de cualquier pecado de cualquier tipo puede obtener liberación instantánea y completa del poder de ese pecado. Solo hay una manera. Esa manera es haciendo lo correcto con Jesucristo.

No pueden salir del poder del pecado a menos que hagan lo correcto con Jesucristo. Es posible que se liberen de algunos malos hábitos. Por ejemplo, pueden dejar de beber sin la ayuda de Cristo, aunque muy pocos lo logran. Pero ya sea que lo hagan o no, no escaparán de las garras del pecado; simplemente pasarán de un pecado a otro. Solo Cristo puede salvarles del poder del pecado. Podría permanecer aquí durante horas y hablarles de hombres y mujeres que he conocido personalmente, hombres y mujeres tan completamente esclavizados por el pecado de una forma u otra como cualquier hombre o mujer que jamás haya caminado sobre la tierra, a quienes el Señor Jesucristo ha liberado cuando hicieron lo correcto con Él.

En cuarto lugar, obtendrán un gran gozo al hacer lo correcto con Jesucristo. El apóstol Pedro dice en 1 Pedro 1:8: ...*a quien sin haberle visto, le amáis, y a quien ahora no veis, pero creéis en Él, y os regocijáis grandemente con gozo inefable y lleno de gloria.* Pueden obtener un gozo indescriptible y lleno de gloria si hacen lo correcto con Jesucristo. No se puede obtener de ninguna otra manera un *gozo inefable y lleno de gloria.*

Por supuesto, seguramente conocen gente feliz que no es cristiana, pero no conocen a nadie que no sea cristiano que tenga un *gozo inefable y lleno de gloria.* No conocen a nadie que no sea cristiano y que tenga el gozo profundo, constante, satisfactorio y desbordante que tienen aquellos hombres y mujeres que son cristianos reales, no cristianos meramente nominales. Esos hombres y mujeres han aceptado plenamente a Cristo como su

Salvador personal y realmente están confiando en Dios para el perdón de todos sus pecados, porque creen plenamente en el testimonio de Dios acerca de que Jesucristo cargó con cada uno de sus pecados cuando murió en la cruz. Por lo tanto, han resuelto completamente sus pecados para siempre y han entregado sin reservas todo el control de sus pensamientos y vidas a Jesucristo. Han confesado a Jesucristo como su Señor ante el mundo en cada oportunidad razonable que tienen, y han estado atentos a cada oportunidad para guiar a otros a Cristo. Están sirviendo a Jesucristo con todas sus fuerzas todos los días.

Hagan lo correcto con Jesucristo y obtendrán este maravilloso gozo. Rechacen a Jesucristo y lo perderán. ¡Qué tontos, los hombres y las mujeres! Muchos hombres hoy rechazan a Cristo porque piensan que perderán el gozo si aceptan a Cristo. ¿Están ciegos, hombres? ¿No ven que los que han recibido a Cristo realmente son más felices que ustedes? ¿No ven que muchos cristianos son más felices en la pobreza que los escépticos y las personas mundanas en la riqueza? ¿Están sordas, mujeres? ¿No han oído el testimonio de muchos, de todos los rangos de la sociedad y cuya palabra deben creer, de que han encontrado un gozo que nunca soñaron desde que aceptaron a Cristo?

No creo que muchos puedan decirme demasiado que yo no sepa acerca de las alegrías de este mundo. He probado la mayoría de ellas, pero nunca conocí un *gozo inefable y lleno de gloria* hasta que acepté a Jesucristo. Ahora sí. Mi día a día está lleno de alegría. Tengo perplejidades, tengo molestias, tengo experiencias que fácilmente podrían resultar exasperantes. Tengo cargas de muchas clases, tengo lo que pueden parecer grandes pérdidas; me han dicho y escrito cosas y han dicho e impreso cosas sobre mí que me afectarían profundamente si no conociera al Señor Jesús. Pero a pesar de todo, cada día es indescriptiblemente feliz.

No hace mucho, me llegaron más cosas que podrían haberme

causado dolor, ansiedad, preocupación, angustia y tristeza profunda que en casi cualquier otra semana de mi vida, pero fue una semana radiante y feliz. ¿Por qué? Simplemente por lo que Jesucristo es para mí, como mi Señor y mi Salvador.

En quinto lugar, si hacen lo correcto con Jesucristo obtendrán vida eterna. ¡Vida eterna! Qué frase tan maravillosa es esa: vida eterna. Vida que nunca termina. Vida que no conoce la muerte. ¡Vida de indescriptible belleza, dignidad, honor, gloria y éxtasis! Vida infinita en su duración y perfecta en su calidad. Vida como la vida de Dios mismo. ¡VIDA ETERNA! ¿Qué puede ofrecer el mundo en comparación con eso? ¿Qué es la riqueza de un John D. Rockefeller o un Henry Ford comparada con la vida eterna? Preferiría ser un pobre sin un centavo todos mis días, vivir en la indigencia, el hambre, los harapos y el frío, y tener vida eterna, que vivir en riqueza todos mis días con todo lo que la riqueza puede comprar, pero no tener vida eterna. No envidio a los ricos. No, conozco demasiado bien sus vidas y sus corazones. A menudo siento más compasión por ellos que por los pobres, porque a menudo son más dignos de lástima que los pobres. La vida del millonario promedio es una vida muy, muy triste.

¿Qué es la sabiduría de un Edison o del mayor científico o filósofo del mundo comparada con la vida eterna? ¿Cuáles son los honores de un gran general o de un poderoso gobernante de hombres comparados con la vida eterna? ¿Cuáles son los placeres del entusiasta del placer más exitoso en comparación con la vida eterna? Pongan en un solo platillo de la balanza todo lo que el mundo tiene, absolutamente todo lo que el mundo puede dar. Pongan la vida eterna en el otro platillo. Vean cómo sube el lado del mundo. Es más liviano que la mota más pequeña de polvo en comparación con la vida eterna. ¡Vida eterna! Oh, ¿quién puede comprender toda la profundidad del significado que hay en estas dos maravillosas palabras?

Y la obtienen simplemente haciendo lo correcto con Jesucristo. Hagan lo correcto con Jesucristo y obtendrán la vida eterna. Hagan lo incorrecto con Jesucristo y perderán la vida eterna. Escuchen la propia Palabra de Dios al respecto: *El que cree en el Hijo tiene vida eterna; pero el que no obedece al Hijo no verá la vida, sino que la ira de Dios permanece sobre él* (Juan 3:36).

De nuevo, la Palabra de Dios dice: *Y el testimonio es este: que Dios nos ha dado vida eterna, y esta vida está en su Hijo. El que tiene al Hijo tiene la vida, y el que no tiene al Hijo de Dios, no tiene la vida* (1 Juan 5:11-12).

¿Van a hacer lo correcto con Jesucristo hoy y obtendrán la vida eterna, o van a hacer lo incorrecto con Jesucristo y perderán para siempre la vida eterna?

Pero hay algo incluso mejor que la vida eterna que se obtiene al hacer lo correcto con Jesucristo. Al hacer lo correcto con Jesucristo se convierten en hijos de Dios, herederos de Dios y coherederos con Jesucristo. Leemos en la propia Palabra de Dios en Juan 1:12: *Pero a todos los que le recibieron, les dio el derecho de llegar a ser hijos de Dios, es decir, a los que creen en su nombre.* Y en Romanos 8:17 leemos: *...y si hijos, también herederos; herederos de Dios y coherederos con Cristo.*

Piensen en eso por un momento: un hijo de Dios, un heredero de Dios y un coheredero con Jesucristo. Hemos escuchado estas palabras muy a menudo, pero ¿nos hemos detenido alguna vez a sopesar su significado y asimilar su maravillosa importancia? ¡Un hijo de Dios! ¡Piénsenlo! Dios el Infinito, Dios el Creador de todas las cosas, Dios para quien toda la raza de los hombres y toda la compañía de los ángeles son como nada, y podemos convertirnos en Sus hijos y Sus herederos. Hemos de ser herederos de todo lo que es este Dios infinito y de todo lo que tiene este Dios infinito. Casi se nos obnubila la mente al tratar de pensar en ello. Eso es lo que está abierto a cada uno de nosotros. Eso es lo que está abierto para ustedes y lo que está abierto para mí simplemente haciendo lo correcto con Jesucristo.

Un día hace años conocí al hijo y heredero de uno de los hombres más ricos del mundo, y me invitó a cenar. Allí sentado, hablaba con él y me pareció que en algunos aspectos podría ser algo excelente ser hijo y heredero del millonario más rico del mundo. Pero eso no es nada, nada en absoluto comparado con ser hijo de Dios, heredero de Dios y coheredero con Jesucristo. Esto es lo que está abierto a nosotros, a cada uno de nosotros; pero solo se puede obtener de una manera: haciendo lo correcto con Jesucristo. Hagan lo correcto con Jesucristo y en un momento se convertirán en hijos de Dios, herederos de Dios y coherederos con Jesucristo. Lean nuevamente la propia declaración de Dios al respecto: *Pero a todos los que le recibieron, les dio el derecho de llegar a ser hijos de Dios, es decir, a los que creen en su nombre* (Juan 1:12).

Si hacen lo incorrecto con Jesucristo, perderán para siempre la oportunidad de convertirse en hijos de Dios, herederos de Dios y coherederos con Jesucristo. ¡Oh, qué pérdida es esa! La pérdida de riquezas incalculables, la pérdida de los mayores honores de la tierra y la pérdida de los amigos más queridos no es nada en comparación con la pérdida de llegar a ser hijo de Dios, heredero de Dios y coheredero con Jesucristo. Ese es el terrible costo de hacer lo incorrecto con Jesucristo. Vemos entonces algo de lo que ganamos al hacer lo correcto con Jesucristo, y algo de lo que perdemos al hacer lo incorrecto con Jesucristo. Al hacer lo correcto con Jesucristo, obtenemos el perdón de todos nuestros pecados. Al hacer lo correcto con Jesucristo, ganamos paz de conciencia. Al hacer lo correcto con Jesucristo, obtenemos liberación del poder del pecado. Al hacer lo correcto con Jesucristo, obtenemos un *gozo inefable y lleno de gloria*. Al hacer lo correcto con Jesucristo, obtenemos la vida eterna. Al hacer lo correcto con Jesucristo, nos convertimos en hijos de Dios, herederos de Dios y coherederos con Jesucristo. ¿No es evidente, entonces, que la pregunta más importante de este día y de todos los días es: '¿*Qué haré entonces con Jesús, llamado el Cristo?*'?

¿Pero qué harán *ustedes* con Él? ¿Harán *ustedes* lo correcto con Él o harán *ustedes* lo incorrecto con Él? ¿Harán *ustedes* lo correcto y lo ganarán todo o harán *ustedes* lo incorrecto y lo perderán todo? Ahora, le hago la pregunta a cada lector individual: ¿Qué harás *tú* con Jesús? No importa si eres miembro de la iglesia o no, te hago la pregunta: ¿Qué harás *tú* con Jesús? Le hago la pregunta tanto al hombre o mujer más mundanos como a los más religiosos: ¿Qué *harás tú con Jesús, llamado el Cristo*? Le hago la pregunta al que está más hundido en el pecado, porque hay esperanza para ti de conseguir todas estas cosas si haces lo correcto con Jesucristo, así como la hay para los más morales, rectos y altamente respetables hombres o mujeres aquí: ¿*Qué harás tú entonces con Jesús, llamado el Cristo*? A cada uno de ustedes les pregunto: ¿Harán *ustedes* lo correcto con Jesucristo, o harán *ustedes* lo incorrecto con Jesucristo?

Pero hay algo mejor que todo lo que he mencionado hasta ahora y que depende enteramente de lo que hagan con Jesucristo. Si hacen lo correcto con Jesucristo, algún día llegarán a ser como Él. Lean lo que dice Dios: *Mirad cuán gran amor nos ha otorgado el Padre, para que seamos llamados hijos de Dios; y eso somos. Por esto el mundo no nos conoce, porque no le conoció a Él. Amados, ahora somos hijos de Dios y aún no se ha manifestado lo que habremos de ser. Pero sabemos que cuando Él se manifieste, seremos semejantes a Él porque le veremos como Él es* (1 Juan 3:1-2).

"¿Qué?", exclamará alguien. "¿Puedo llegar a ser como Jesucristo?". Sí, incluso tú puedes llegar a ser como Jesucristo. ¡Piénsalo! Tú y yo, con todos nuestros fallos, defectos y mezquindades actuales que otros ven claramente porque sobresalen en nosotros. Por lo general, destacan de manera más notoria entre aquellos que tenemos la mejor opinión de nosotros mismos. Pero incluso nosotros podemos llegar a ser exactamente como Él, como Él en toda perfección y gloria de Su carácter divino, incomparable, impecable y glorioso. Sí, y también podemos ser como Él en la gloria de Su apariencia exterior. Está escrito en la Palabra de Dios: *Porque nuestra ciudadanía está en los cielos, de donde también ansiosamente esperamos a un Salvador, el Señor Jesucristo, el cual transformará el cuerpo de nuestro estado de humillación en conformidad al cuerpo de su gloria, por el ejercicio del poder que tiene aún para sujetar todas las cosas a sí mismo* (Filipenses 3:20-21).

¿Y cómo podemos llegar a ser como Él? Haciendo lo correcto con Jesucristo.

Lo correcto que se puede hacer con Jesucristo

Pero, ¿qué es lo correcto que se puede hacer con Jesucristo?

Primero, lo correcto que pueden hacer con Jesucristo es recibirlo como su Salvador. Esto es evidente en el versículo que ya hemos citado varias veces, Juan 1:12: *Pero a todos los que le recibieron, les dio el derecho de llegar a ser hijos de Dios, es decir, a los que creen en su nombre.* Él murió por nuestros pecados. *Todos nosotros nos descarriamos como ovejas, nos apartamos cada cual por su camino; pero el Señor hizo que cayera sobre Él la iniquidad de todos nosotros* (Isaías 53:6).

¿Lo aceptarán como su portador de pecados? ¿Dirán: "Oh Dios, creo lo que Tu Palabra dice acerca de Jesucristo, creo que Él llevó mis pecados en Su propio cuerpo en la cruz, creo que cada uno de mis pecados fue cargado sobre Él y resuelto completamente y para siempre cuando Él murió en la cruz en mi lugar y ahora lo tomo como mi portador de pecados; perdona todos mis pecados por amor de Jesucristo"?

Tómenlo no solo como su Salvador de la culpa del pecado, sino también como su Salvador del poder del pecado. Él no solo murió para hacer expiación por sus pecados, sino que también resucitó y vive hoy para liberarlos del poder del pecado e interceder por ustedes (Hebreos 7:25). ¿Lo aceptarán hoy como su libertador del poder del pecado? ¿Vendrán a este Señor Jesús resucitado y poderoso con todas sus debilidades y pecados y confiarán en Él para que los libere? Eso es lo correcto que deben hacer con Jesucristo: simplemente tómenlo como su Salvador, su Salvador crucificado de la culpa del pecado y su Salvador resucitado del poder del pecado.

Lo siguiente que deben hacer con Jesús es dejarlo entrar en su corazón. *He aquí, yo estoy a la puerta y llamo; si alguno oye mi voz y abre la puerta, entraré a él, y cenaré con él y él conmigo* (Apocalipsis 3:20). Jesús está a la puerta de cada corazón. Él está llamando a la puerta de cada corazón. ¿Abrirán la puerta y lo dejarán entrar? ¿Quién lo hará? ¿Quién dirá: "Señor Jesús, entra; entra y reina?".

Después, lo que deben hacer con Jesús es entronizarlo en sus corazones. Él es el Cristo, el Rey ungido de Dios, porque Dios lo ha hecho así. Como dijo Pedro el día de Pentecostés: *...a este Jesús a quien vosotros crucificasteis, Dios le ha hecho Señor y Cristo* (Hechos 2:36). ¿Lo entronizarán como Rey en sus corazones? ¿Le dirán honestamente: "Señor Jesús, toma el trono de mi corazón y vive y reina allí supremo?". ¿Quién lo hará?

Una vez más, lo correcto con Jesucristo es confesarlo ante el mundo como su Señor y Maestro. Él dice en Mateo 10:32-33: *Por tanto, todo el que me confiese delante de los hombres, yo también le confesaré delante de mi Padre que está en los cielos. Pero cualquiera que me niegue delante de los hombres, yo también lo negaré delante de mi Padre que está en los cielos.* Y Pablo dice en Romanos 10:9-10: *...que si confiesas con tu boca a Jesús por Señor, y crees en tu corazón que Dios le resucitó de* *entre los muertos, serás salvo; porque con el corazón se cree para justicia, y con la boca se confiesa para salvación.* ¿Quién lo hará? Hay una cosa correcta más que hacer con Jesús. ¿Qué es? Ir y hablarles a otros acerca de Él después de haberlo recibido como su Salvador, después de haberlo dejado entrar en sus corazones, haberlo entronizado como Rey y haberlo confesado ante el mundo como su Señor.

Cuando Jesús estuvo aquí en la tierra, expulsó una legión de demonios de un hombre miserable que estaba bajo su control. La condición de ese hombre antes de conocer a Jesús era terrible más allá de toda descripción, pero la condición de ese hombre después de conocer a Jesús era gloriosa más allá de toda descripción. Y ese hombre naturalmente quería ir con Jesús a dondequiera que fuera. Pero Jesús le dijo: *Vuelve a tu casa, y cuenta cuán grandes cosas Dios ha hecho por ti. Y él se fue, proclamando por toda la ciudad cuán grandes cosas Jesús había hecho por él* (Lucas 8:38-39). Oh, si ya han aceptado a Jesús, vayan y cuéntenles a todos los que puedan acerca de Él y atraigan hacia Él a todos los que puedan.

Estas son las cosas correctas de hacer con Jesús. ¿Quién las hará hoy y obtendrá todo lo que vale la pena tener para este tiempo y para la eternidad? ¿Quién lo aceptará como su Salvador? ¿Quién escuchará Su voz y le permitirá entrar en su corazón? ¿Quién lo entronizará como Rey en su corazón? ¿Quién comenzará a confesarle a Él como su Señor?

Capítulo 7

Grandes cosas y cómo cualquiera puede conseguirlas

Porque todo es vuestro (1 Corintios 3:21)

Encontrarán mi texto en 1 Corintios 3:21: *Porque todo es vuestro*. Ese texto remueve la sangre. Me compadezco de cualquier hombre que no se conmueva hasta lo más profundo de su ser por una declaración de Dios como esta: *Porque todo es vuestro*. Hay muchos que piensan que solo unos pocos pueden alcanzar grandes cosas, que la gran masa de la humanidad debe contentarse con cosas pequeñas y de poca importancia. Eso no es así. Las cosas más grandes, de hecho, todo lo que tiene un valor infinito y eterno, están abiertas a todos los hombres. No hay aquí hombre ni mujer que no pueda tener grandes cosas, las cosas más grandiosas, aquellas que son de valor inestimable. Ciertamente, si alguien llega a ser miembro de esa clase de personas a quienes Dios, en nuestro texto, le hace la maravillosa promesa de decirle *porque todo es vuestro*, podrá tener las cosas más grandes, aquellas que son de valor inestimable.

Gran gozo

En primer lugar, cualquiera puede tener un gran gozo. Cuando Cristo nació en Belén, un ángel descendió del cielo y proclamó: *...os traigo buenas nuevas de gran gozo que serán para todo el pueblo; porque os ha nacido hoy, en la ciudad de David, un Salvador, que es Cristo el Señor* (Lucas 2:10-11). El nacimiento de Jesús, el Cristo de Dios, en este mundo trajo gran gozo al mundo. La aceptación y recibimiento de Jesucristo como Salvador y Señor por parte de un hombre o mujer trae gran gozo al corazón de ese hombre o mujer. No importa quién sea el hombre o la mujer que reciba a Jesucristo, encontrará gozo, gran gozo *en Él*. La forma más elevada de gozo conocida por el hombre es el gozo en el Señor Jesús. El Señor Jesús llena de gozo ilimitado cada corazón en el que es admitido. Uno puede estar muy triste y abatido por naturaleza, pero si realmente recibe a Jesucristo encontrará gran gozo.

Recuerdo a un hombre que en mi opinión era uno de los más sombríos que he conocido. Tenía uno de esos rostros abatidos y desesperados que te hacen estremecer. Temía que se me acercara. El hombre había estado recluso en un manicomio al que lo enviaron por una depresión severa y se veía y actuaba como si todavía necesitara estar allí. Fue un privilegio para mí señalarle a ese hombre a Jesucristo. No aceptó a Jesucristo en un solo día. Traté con él día tras día durante bastante tiempo y parecía tan profundamente inmerso en su tristeza que la luz no podía penetrar su corazón oscurecido. Parecía que nunca vería la verdad ni aceptaría al Señor Jesús. Era uno de los hombres más desalentadores con los que he tratado jamás. Pero él siguió regresando a mí y, finalmente, por el poder del Espíritu Santo la luz irrumpió en su corazón oscurecido y recibió a Jesucristo. Se convirtió al mismo tiempo en uno de los hombres más brillantes y felices que he conocido, así como en uno de los obreros cristianos más fieles y eficaces.

Conocí a otro hombre que había hecho de su vida un desastre. Pertenecía a una buena familia; era un hombre bien educado y de habilidad inusual, pero se había equivocado y había desperdiciado su vida en el pecado. La noche que lo conocí, era un vagabundo sobre la faz de la tierra a cientos de millas de casa, sin dinero, sin amigos, sin masculinidad y aparentemente sin nada de lo que valía la pena. Vino a verme al final de un servicio que estaba dirigiendo y me preguntó si creía que había alguna esperanza para un hombre como él. Le dije que sí y que sabía que sí la había. Le señalé al Señor Jesús y él lo recibió y aceptó esa noche y se convirtió en un hombre muy feliz. Eso fue hace años, pero desde entonces, de vez en cuando recibía una carta suya contándome de su gran alegría. Hoy él es verdaderamente feliz, porque está con Cristo en gloria.

Nadie jamás, sea rico o pobre, instruido o ignorante, moral o vicioso, honesto o criminal, de cualquier nación o carácter, aceptó realmente a Jesucristo sin encontrar gran gozo. Dios ha provisto gran gozo para todos en Jesucristo. Conozco a un hombre en este momento que está en San Quintín por asesinato desde hace ya algunos años, pero allí fue llevado a aceptar al Señor Jesucristo. Sus cartas, algunas de las cuales su padre me dejó ver, se encuentran entre las más alegres y más llenas de Jesucristo que cualquier carta que haya visto.

Si alguien no tiene un gran gozo, es enteramente culpa suya. Nadie puede robarle a otro su gozo si su gozo está realmente en Jesucristo. Los hombres pueden robarles su dinero, pueden robarles su buen nombre, pueden robarles sus amigos, pero no pueden robarles su gozo, si realmente están en el Señor Jesús.

Conocí a una mujer en Chicago hace muchos años. Era muy desdichada. Grandes desgracias habían afectado su vida. Le habían defraudado y robado su dinero. Le habían despojado de su marido y de su amor. Su alma estaba amargada. Tenía una expresión dura y agria, una de las expresiones más duras que he visto en mi vida. Le hablé de Jesucristo. Ella no quiso escuchar. Odiaba a quien le había hecho daño y anhelaba vengarse; ella no quiso escuchar la historia del amor de Dios. Ella dijo que Dios no la amaba porque de lo contrario Él nunca habría permitido que sufriera lo que había sufrido.

Algunos años después volví a encontrarme con la misma mujer en la Iglesia Moody. Nuevamente le hablé de Jesucristo y del amor de Dios. Esta vez ella profesó que no creía en nada. Sabía que me estaba mintiendo y se lo dije; recordé su historia tal como ella me la había contado varios años antes. Ella supuso que yo la había olvidado, por lo que se había aventurado con esta nueva historia de que no creía en Dios. Pero todavía estaba dura y amargada.

Un año o dos después la volví a encontrar. Nuevamente le hablé de Jesucristo y esta vez ella se quebró y sí lo aceptó. Inmediatamente su vida cambió. En lugar de amargura, encontró de inmediato una gran alegría. La volví a encontrar algún tiempo después. Había estado muy enferma, pero todavía se regocijaba en Jesucristo y anhelaba contarles a otros acerca de este maravilloso Salvador y el gozo que trae a los corazones de quienes lo aceptan.

Una vez estaba sentado en mi oficina en Minneapolis y entró una mujer con una expresión muy dura. Se acercó a mi escritorio y dijo:

— ¿Envían misioneros a hablar con las personas que están muriendo?

— Sí —, respondí.

— Bueno, en mi casa hay una mujer que agoniza —, y me dio la calle y el número. — Me gustaría que enviara un misionero para hablar con ella.

Juzgué por la apariencia de la mujer el tipo de lugar que debía ser y el tipo de mujer que debía ser la que estaba muriendo. Al poco tiempo entraron dos misioneras. Les dije: "Hay una mujer muriendo en tal calle y número. ¿Irán a hablar con ella? Creo que es un lugar malvado y la mujer ha vivido una vida de pecado".

Las dos misioneras se apartaron y oraron, y luego fueron a esta casa. Era como lo había sospechado: un antro de infamia. La moribunda era una mujer que había cometido el peor desastre que una mujer puede sufrir en su vida. Le hablaron a la mujer moribunda acerca de Jesucristo y Su muerte por ella en la cruz del Calvario y cómo Él había hecho plena expiación por todos sus pecados. Y entonces recibió a Jesucristo y de inmediato un gran gozo invadió ese corazón que el pecado había oscurecido tanto. Cuando las misioneras regresaron, les pregunté:

—¿Aceptó a Jesucristo esa mujer?

— Sí — dijeron, — pero eso no es todo, señor Torrey. Aunque estaba muriendo de una enfermedad incurable que ningún médico podía aliviar, nos invitaron a arrodillarnos y orar para que Dios no solo salvara su alma, sino que también sanara su cuerpo. Dios escuchó nuestra oración y ella sanó.

La mujer estaba más allá de la habilidad de cualquier médico humano, pero a estas misioneras se les había dado fe para orar por su recuperación de una enfermedad incurable y repugnante.

Dios había escuchado su oración. Ella se levantó de aquella cama como mujer salva, feliz y sana. Años después, cuando me mudé a Chicago, una de estas dos misioneras vino a Chicago para estudiar en el Instituto Bíblico Moody. Esta mujer escuchó que la misionera iba a venir y se acercó a ella y le dijo que me diera un mensaje de su gozo en el Señor.

Oh, hay un gran gozo para todos, si tan solo lo buscan a la manera de Dios. Cualquiera puede tenerlo. Se nos dice en Hechos 8:8 que cuando Samaria recibió la verdad acerca del Señor Jesucristo, *hubo gran gozo en esa ciudad*. Si alguien recibe la verdad acerca de Jesucristo y recibe a Jesucristo mismo en su corazón, habrá *gran gozo* en ese corazón.

Gran paz

Pero hay otra gran cosa que cualquiera puede tener. Pueden tener una gran paz. La paz y el gozo están estrechamente relacionados, pero de ninguna manera son lo mismo. Sin embargo, deben obtenerse de la misma manera. Si aceptamos a Jesucristo, confiamos en Él y obedecemos Su Palabra, tendremos gran paz y también gran gozo. Pablo dice en Filipenses 4:6-7: *Por nada estéis afanosos; antes bien, en todo, mediante oración y súplica con acción de gracias, sean dadas a conocer vuestras peticiones delante de Dios. Y la paz de Dios, que sobrepasa todo entendimiento, guardará vuestros corazones y vuestras mentes en Cristo Jesús.*

Y la experiencia de miles y decenas de miles de personas prueba que esta promesa que Dios hizo a través de Pablo es absolutamente cierta.

¡Piénsenlo! ¡*La paz de Dios, que sobrepasa todo entendimiento*! ¿No es eso una gran paz? Es paz infinita, *la paz de Dios*; no solo la paz que Dios da, sino también la paz profunda e infinita que hay en el corazón de Dios mismo. Y es para quien la desee. Sus corazones pueden ser sacudidos por una tempestad esta noche. Sus corazones pueden ser un mar embravecido de dudas, miedos, ansiedades, deseos insatisfechos y pasiones. Pero hay paz para ustedes, gran paz, paz perfecta, *la paz de Dios, que sobrepasa todo entendimiento*.

Me pregunto si alguna vez hubo un alma más tempestuosa que la de Saulo de Tarso. Respiraba una atmósfera de tormenta, pasión y odio. Estaba *respirando todavía amenazas y muerte contra los discípulos del Señor* (Hechos 9:1). Pero esa alma tormentosa encontró dicha paz en Jesucristo y dicha paz por el poder del Espíritu Santo que Jesucristo da a todos los que lo reciben. Incluso en la cárcel de Filipos a medianoche, cuando su espalda estaba desgarrada y sangrando por los azotes que acababa de recibir, lo encontramos cantando alabanzas a Dios

(Hechos 16:23-25). Y más tarde, en la prisión de Roma, esperando una sentencia de muerte, ningún sentimiento de ansiedad o miedo perturba la profunda calma de su alma. Fue en ese momento que pronunció palabras como estas: *Regocijaos en el Señor siempre. Otra vez lo diré: ¡Regocijaos!* (Filipenses 4:4). Y un poco más adelante escribe las palabras que acabo de citar: *Por nada estéis afanosos; antes bien, en todo, mediante oración y súplica con acción de gracias, sean dadas a conocer vuestras peticiones delante de Dios. Y la paz de Dios, que sobrepasa todo entendimiento, guardará vuestros corazones y vuestras mentes en Cristo Jesús.*

Y luego, de nuevo vuelve a decir: *...he aprendido a contentarme cualquiera que sea mi situación* (Filipenses 4:11). Y dos versículos después dice: *Todo lo puedo en Cristo que me fortalece* (Filipenses 4:13). Sí, todos pueden tener una gran paz, una paz duradera, una paz abundante, una paz que nunca falla, la paz de Dios, que sobrepasa todo entendimiento. La noche antes de Su crucifixión, en Sus palabras de despedida a Sus discípulos y a todos los que llegarían a ser discípulos en años posteriores, Jesús dijo: *La paz os dejo, mi paz os doy; no os la doy como el mundo la da. No se turbe vuestro corazón, ni tenga miedo* (Juan 14:27).

Una gran posición

Hay otra gran cosa que cualquiera puede tener: una gran posición. Tenemos tendencia a pensar que los grandes puestos son solo para unos pocos muy elegidos. Ese es un gran error. La más grande, grandiosa y gloriosa de todas las posiciones es para cualquiera que la quiera recibir. Muy pocos podrán llegar a ser presidente de Estados Unidos. Muy pocos pueden convertirse en senadores o miembros del Congreso de los Estados Unidos. Muy, muy pocos pueden llegar a ser reyes o emperadores. Pero hay una posición mucho más alta que la de congresista o senador, o presidente de los Estados Unidos, o rey o emperador, que está disponible para cualquiera de nosotros.

En Juan 1:12 descubrirán cuál es esa posición. Dice: *Pero a todos los que le recibieron, les dio el derecho de llegar a ser hijos de Dios, es decir, a los que creen en su nombre*. Ser hijo de Dios seguramente significa ocupar una posición más elevada que ser presidente, príncipe, rey o emperador terrenal. ¿Qué es cualquier monarca terrenal comparado con el Rey de Reyes y el Señor de Señores? El monarca más grande y poderoso de esta tierra se ve como un mosquito en comparación con el Dios infinito y eterno, que creó todas las cosas visibles e invisibles. El trono terrenal más grande no es más que un hongo comparado con el trono de Dios. Y la posición de convertirse en hijo de Dios y heredero de Dios está abierta a cualquiera que lo desee en su corazón.

Un día tuve la suerte de cruzarme, por casualidad, a un rey real y vivo. Yo no lo estaba buscando y él ciertamente no me estaba buscando a mí. Estaba caminando solo por el pasillo de la Universidad de Leipzig y vi a un hombre solo que subía las escaleras. Al instante lo reconocí como el rey de Sajonia. Me descubrí la cabeza y me incliné respetuosamente cuando nos cruzamos y él me devolvió la reverencia con una sonrisa, fue muy cortés y muy agradable. Acababa de pasar junto a un rey y él se había cruzado con... ¿con quién? Con un ciudadano estadounidense libre, pero que era algo más que eso; se había cruzado con un hijo de Dios. Ser hijo de Dios es ocupar una posición mucho más alta que la de ser rey. Y este puesto está abierto a cualquiera que desee ocuparlo. *Pero a todos los que le recibieron, les dio el derecho de llegar a ser hijos de Dios, es decir, a los que creen en su nombre.* ¡Piénsenlo! Cualquier hombre o mujer puede llegar a ser hijo de Dios. Sí, cualquiera.

Aun así, algunos rechazarán ese gran honor. ¿Por qué? Porque preferirían tener algún pecado repugnante o despreciable en sus vidas antes que convertirse en hijos de Dios. O preferirían tener la tonta satisfacción de llamarse escépticos y, por lo tanto, imaginarse muy inteligentes y pensadores independientes, antes que convertirse en hijos de Dios. O no están dispuestos a soportar las burlas del mundo y prefieren recibir las alabanzas de este mundo tonto antes que ser hijos de Dios. ¡Oh, qué baratijas preferimos en lugar de este gran honor de convertirnos en hijos de Dios! ¡Qué necios tan lastimosos somos! Yo mismo lo hice durante años. Doy gracias a nuestro maravilloso Dios porque tuvo misericordia de mí, tuvo paciencia conmigo y finalmente me hizo recobrar el sentido.

Una gran esperanza

Hay otra gran cosa que cualquiera puede tener y es una gran esperanza. Pablo describe esta gran esperanza. Él dice en Tito 1:2: *...con la esperanza de vida eterna, la cual Dios, que no miente, prometió desde los tiempos eternos.* Qué esperanza es esta: ¡esperanza de vida eterna! El mundo no tiene nada con qué igualar eso. Lo mejor que el mundo puede dar no puede durar más de ochenta, noventa o cien años como máximo. Decimos que este mundo ha sido bueno para Rockefeller porque le ha dado varios cientos de millones de dólares, o tal vez mil millones. ¿Pero por cuánto tiempo? Por muy poco tiempo. El vendedor de periódicos más pobre de las calles de esta ciudad será más rico que Rockefeller en riqueza mundial en muy pocos años. Las esperanzas de este mundo son pobres, porque en todas ellas está escrito: "Solo por unos días".

Un día, hace bastante tiempo, los periódicos publicaron relatos entusiastas de los magníficos obsequios de oro y piedras preciosas presentados a dos jóvenes que iban a casarse. El hombre era hijo de uno de los millonarios más ricos de Estados Unidos, y la mujer era hija de un multimillonario. Dentro de muy pocos años dejarán atrás todos estos regalos costosos, todos estos diamantes y perlas y todo este oro. Pero el que cree en Jesucristo obtiene una esperanza que es verdaderamente grande: la vida eterna, la vida divina en su calidad, infinita en su duración, la vida misma de Dios mismo. Los años pasan, la vida eterna todavía perdura. Los siglos pasan volando, la vida eterna todavía perdura. Los siglos y los siglos pasan en una procesión interminable, pero la vida eterna apenas comienza. ¡Ah, vida eterna! Eso es algo que vale la pena.

Para mí hay un encanto creciente en estas palabras: *vida eterna*. En años anteriores no pensaba mucho en ellas. La vida presente parecía hermosa, larga y muy atractiva. Pero últimamente he visto un final tras otro; he visto desmoronarse grandes fortunas y un gran hombre tras otro caer en el olvido para que alguien más apareciera y ocupase su lugar. No solo he visto colapsar y desaparecer grandes fortunas sino también reyes poderosos, e incluso vastos imperios. He visto el sello de la impermanencia y la decadencia sobre todo lo terrenal. He sentido una lástima cada vez mayor por los pobres tontos que viven para el mundo fugaz actual y una alegría cada vez mayor por estas grandes palabras: *vida eterna*.

En la esperanza de la vida eterna, esa es realmente una esperanza que vale la pena tener. Y cualquiera puede tenerla. Los más pobres pueden tenerla tanto como los más ricos. Los más débiles pueden tenerla tanto como los más fuertes. Los más pecadores pueden tenerla tanto como los más santos. La grande y gloriosa esperanza de la vida eterna está abierta a todos.

Una gran herencia

Luego hay otra gran cosa que está abierta a todos, y es una gran herencia. Pedro describe esa herencia de esta manera: *Una herencia incorruptible, inmaculada, y que no se marchitará, reservada en los cielos para vosotros* (1 Pedro 1:4). Ahora bien, eso no se puede decir de ninguna herencia terrenal. ¿Qué herencia terrenal es incorruptible? La mano de la decadencia está sobre toda herencia terrenal. ¿Qué herencia terrenal es inmaculada? Dios mío, qué sucias son la mayoría de las grandes herencias terrenales. ¿Qué herencia terrenal *no se marchita*? Se están marchitando, hasta la última de ellas. El hijo o el nieto tonto del millonario más astuto probablemente termine en la cárcel, y la herencia desaparece por completo en casi todos los casos tan pronto como muere su propietario.

En Romanos 8:16-17, Pablo describe esta gran herencia que cualquiera de nosotros puede obtener de una manera aún más notable: *El Espíritu mismo da testimonio a nuestro espíritu de que somos hijos de Dios, y si hijos, también herederos; herederos de Dios y coherederos con Cristo.* Piensen en eso por un momento, por favor. ¡Herederos de Dios! Herederos de toda la infinita riqueza, gozo y gloria de Dios, y *coherederos con Cristo*, herederos en la forma en que Jesucristo es heredero y en la medida en que Jesucristo es heredero. Coherederos con Aquel en *quien toda la plenitud de la Deidad reside corporalmente* (Colosenses 2:9), y que era, por tanto, *heredero de todas las cosas* (Hebreos 1:2).

De esa misma manera el que recibe a Jesucristo se convierte en heredero de Dios. Miren toda la tierra con todas sus riquezas y digan: "Todo esto pertenece a Dios, y yo soy Su hijo y Su heredero y, por lo tanto, soy heredero de todo esto". Miren las estrellas, esos grandes, inconmensurables, incomprensibles y abrumadoramente estupendos mundos de luz, esplendor y magnitud y majestad desconcertantes, y digan: "Soy un heredero de todo esto". Piensen en la sabiduría infinita, el gozo infinito y la gloria infinita de la Deidad y digan: "Soy Su hijo. Por tanto, todo esto es mi herencia. No hay absolutamente ningún límite para lo que se me abre". ¿Millonario? Eso no es nada. ¿Multimillonario? Eso tampoco es nada. ¡Soy heredero de Dios, coheredero con Jesucristo! Pensar mucho en ello hace que a uno le dé vueltas la cabeza. Esta herencia está abierta a cualquiera. Tomemos, por ejemplo, una lavandera. Esta herencia está abierta para ella. O algún trabajador. Esta herencia está abierta para él. O un ex convicto. Esta herencia está abierta para él. U hombres y mujeres que han desperdiciado sus vidas. Esta herencia está abierta para ellos.

Una noche en Birmingham, Inglaterra, al subir al andén de Bingley Hall recibí una nota de una joven. Me pedía que orara por su hermano, quien según ella había desperdiciado dos fortunas y acababa de regresar de la India, donde había desperdiciado una tercera. Leí la nota desde la plataforma y la audiencia se unió a mí en oración por este hombre. Aunque no lo sabíamos, a kilómetros de distancia, en Worcester, mientras orábamos ese hombre estaba sentado junto a una mesa con un revólver cargado, preparándose para quitarse la vida. Pero Dios escuchó nuestra oración y este hombre fue convertido y salvo mientras estaba sentado junto a esa mesa, a pocos minutos del infierno. Había desperdiciado tres herencias, pero esa noche recibió una herencia que hacía que las otras tres juntas no fueran nada.

Hay personas pobres, hay personas ricas. Hay buenos hombres, hay hombres malos. Pero esta herencia está abierta a todos y cada uno sin distinción. Pedro lo expresa de esta manera: *Una herencia incorruptible, inmaculada, y que no se marchitará, reservada en los cielos para vosotros. ¿Para quién? Para vosotros, que sois protegidos por el poder de Dios mediante la fe, para la salvación que está preparada para ser revelada en el último tiempo.* ¿Captan la fuerza de estas palabras? Esta herencia es para todo aquel que cree en Jesucristo; por lo tanto, no es mantenido por su propio poder sino por el poder de Dios. Él es guardado para esa salvación completa de espíritu, alma y cuerpo que se manifestará en el último tiempo. Eso, entonces, es todo lo que uno tiene que hacer para obtener esta gran herencia: simplemente poner la fe en Jesucristo y ser *protegidos por el poder de Dios mediante la fe, para la [gloriosa, infinita] salvación que está preparada para ser revelada en el último tiempo*. Cualquiera puede hacer eso y, por lo tanto, cualquiera puede recibir esta herencia.

Vemos, entonces, que hay para todos nosotros y para cualquiera que lo desee, un gran gozo, una gran paz, una gran posición, una gran esperanza y una gran herencia. ¿Quieren estas cinco grandes cosas? Les hago la pregunta a todos ustedes. ¿Quieren estas cinco grandes cosas? Pueden tenerlas. Reciban a Jesucristo como su Salvador y entréguense a Él como su Señor; confiésenlo como tal ante el mundo, y estas cinco grandes cosas serán suyas. Háganlo y las obtendrán todas. Oh, ¿cómo puede alguno de ustedes negarse a hacerlo? ¿Cómo pueden dudar en hacerlo? Si yo tomara una cesta llena de grandes diamantes de la mejor calidad y les hiciera saber que cualquiera que lo deseara podría tener uno, ¿dudarían ustedes? Puede que haya algún amigo que se ría de ustedes, pero vendrían de todos modos. Bueno, estoy exponiendo algo infinitamente mejor que una canasta llena de finos diamantes. Les presento una gran paz, expongo aquí una gran alegría, presenté una gran posición, les presento un gran honor, expongo aquí una gran esperanza, expongo aquí una gran herencia, y digo con la autoridad de Dios, que no puede mentir: "Vengan y sírvanse". ¿Cuántos de ustedes lo harán?

Capítulo 8

Noé y el arca

*Entonces el Señor dijo a Noé: Entra en el arca tú
y todos los de tu casa* (Génesis 7:1)

Noé fue uno de los hombres más notables de la historia del mundo. Destaca por sí solo absolutamente entre todos los hombres de su época. Fue el único hombre a quien Dios eligió — de entre toda la raza humana de sus tiempos — para ser la cabeza de una nueva raza. La historia del diluvio es de lo más sorprendente; tan inusual, de hecho, que el primer impulso que uno siente es cuestionar su historicidad. Pero tiene abundante confirmación incluso fuera de la Biblia. Se encuentran leyendas de un diluvio universal en casi todos los lugares donde se habitara el ser humano. Las tablillas cuneiformes de Asia Central, los Bhagavatas de la antigua India y la leyenda de Deucalión en Grecia presentan historias bien documentadas del diluvio. Las tradiciones de los indios de la tribu Cree en el norte y de los nativos del Orinoco en el sur, y los nativos de China en el este también representan una gran inundación. México en el suroeste, Escandinavia en el extremo norte y los antiguos celtas contienen relatos de tal inundación. Las tres grandes ramas de la raza humana, los turanios, los semitas y los arios, la tienen. Así que es evidente que esta extraordinaria historia del diluvio tiene abundante confirmación histórica fuera de las declaraciones muy claras, muy completas y muy precisas de la Biblia.

Pero más importante que todo esto es que la historia del Antiguo Testamento cuenta con el respaldo de Jesucristo. No se puede dudar de la veracidad de la historia del diluvio tal como está registrada en el libro del Génesis, sin desacreditar a Jesucristo. Si esta historia no es cierta, entonces Jesucristo fue un tonto, porque expresó en los términos más inequívocos Su creencia en la verdad de la historia. Sí, si esta historia no es cierta, Jesucristo fue peor que un tonto: fue un fraude. Afirmó ser un maestro enviado por Dios, que hablaba las mismas palabras de Dios, y si la historia del diluvio no es cierta, si no es una historia exacta, entonces Jesús aceptó un cuento vano como historia verdadera. Entonces Su afirmación de ser un maestro enviado por Dios, que hablaba las mismas palabras de Dios, era falsa y Él era un gran impostor.

No solo la credibilidad, sino también el honor de Jesucristo están involucrados en la veracidad y exactitud de esta historia del diluvio del Antiguo Testamento. Pero las afirmaciones de Jesucristo de haber sido un maestro enviado por Dios que hablaba las palabras mismas de Dios están abundantemente fundamentadas. Están tan abundantemente fundamentadas que nadie puede estudiar a fondo y con franqueza las pruebas concluyentes de la verdad de Sus afirmaciones y no creer en ellas. En consecuencia, no puede sino creer en la verdad de la historia del diluvio, que Jesucristo apoyó tan explícita y plenamente.

Por lo tanto, es seguro que la historia del diluvio registrada en el libro del Génesis es la historia verdadera. Es cierto que el mundo fue destruido, devastado en juicio por un diluvio y de todos los miembros de la raza adámica que entonces vivía en la tierra solamente Noé y su familia, ocho personas en total, se salvaron ¿Por qué salvar a Noé? La Biblia nos lo dice.

La gracia fue lo que salvó a Noé

En primer lugar, Noé fue salvo porque encontró gracia a la vista del Señor. La declaración de Dios mismo es: *Noé halló gracia ante los ojos del Señor* (Génesis 6:8). Noé no fue necesariamente salvo porque mereciera ser salvo. Fue "salvado por gracia". No fue salvo porque no tenía pecado. Es cierto que era un hombre justo. Génesis 7:1 lo dice. Hebreos 11:7 nos dice que la justicia de Noé era justicia por la fe. Las palabras exactas son *Noé... llegó a ser heredero de la justicia que es según la fe* (Hebreos 11:7).

La justicia de Noé fue el tipo de justicia que está disponible para cada uno de nosotros, incluso para el pecador más vil de la tierra. Noé era un pecador. Él no estaba libre de pecado, estaba lejos de serlo. Estaba lejos de ser perfecto; incluso se emborrachó después del diluvio y de su maravillosa liberación (Génesis 9:21). Por supuesto, él tenía más excusas para emborracharse que las que tú o yo tendríamos hoy. No entendía los efectos del alcohol tan plenamente como nosotros, pero seguramente debía saber que no estaba bien emborracharse. Era un pecador salvo por gracia.

Entonces también nosotros hemos de ser pecadores salvos por gracia, si somos salvos, y todos podemos ser salvos de esa manera; ninguno de nosotros puede salvarse de otra manera. La Palabra de Dios es tan clara como el día en ese punto y la experiencia universal confirma la Palabra de Dios en este punto. Dios dice que no hay diferencia, porque todos pecaron *y no alcanzan la gloria de Dios, siendo justificados gratuitamente por su gracia por medio de la redención que es en Cristo Jesús* (Romanos 3:22-24).

Y vuelve a decir: *Porque por gracia habéis sido salvados por medio de la fe, y esto no de vosotros, sino que es don de Dios* (Efesios 2:8).

La fe fue lo que salvó a Noé

En segundo lugar, Noé fue salvo porque Le creía a Dios. Así es como Dios lo expresa en Hebreos 11:7: *Por la fe Noé, siendo advertido por Dios acerca de cosas que aún no se veían, con temor preparó un arca para la salvación de su casa.* Dios le dijo a Noé que habría un diluvio y Noé le creyó. Noé creía que habría un diluvio solo porque Dios lo había dicho. No tenía ninguna otra razón para creerlo; no pidió ninguna otra razón para creerlo.

El filósofo más sabio de la tierra es el hombre que tiene suficiente sentido común, para creer lo que dice un Dios infinitamente sabio que no puede mentir, incluso si no tiene otra base para creerlo. Y no hay mayor tonto en la tierra que el aspirante a filósofo que duda de cualquier cosa que Dios dice simplemente porque no tiene otra base para creerlo que la Palabra de Dios. El hombre más sabio de su época dijo: *¿Has visto a un hombre que se tiene por sabio? Más esperanza hay para el necio que para él* (Proverbios 26:12). Los insignificantes y autodenominados "filósofos" y aspirantes a "científicos" de nuestros días que *se tienen por sabios* que se aventuran a dudar de la Palabra de Dios porque no concuerda con algunas de sus nociones educadas, harían bien en tomarse en serio esta sabia expresión de Salomón.

El Señor dijo: "Habrá un diluvio", y Noé tuvo el suficiente sentido común como para creerlo con todo su corazón, simplemente porque Dios lo había dicho. Así *condenó al mundo, y llegó a ser heredero de la justicia que es según la fe* (Hebreos 11:7). Y por su sabia acción en este asunto, no solo *condenó al mundo* que existía entonces, sino que también condenó una parte muy grande del mundo que existe ahora. Feliz es el hombre de hoy que tiene tanto sentido común en este asunto como lo tuvo Noé hace tantos siglos.

No había señales de que fuera a haber un diluvio con inundación. El sol salía y se ponía año tras año, como siempre. Las leyes de la naturaleza seguían su curso uniforme. Ningún hombre de ciencia vio nada que indicara que se acercaba un diluvio e inundación. Pero Dios le dijo a Noé: "Habrá un diluvio", y Noé lo creyó. La gente intentó convencerlo de lo contrario, burlándose de él. Señalaron el curso constante de las estaciones y la uniformidad de la naturaleza, señalaron el hecho de que todos los grandes científicos estaban en su contra y los teólogos y los críticos eruditos estaban todos en su contra. De hecho, toda clase de eruditos estaban en su contra; de hecho, estaba completamente solo. Sin embargo, Noé se mantuvo firme en su fe en la Palabra de Dios. Sin duda muchos dijeron: "Noé, te equivocas al pensar que es la Palabra de Dios. No es la Palabra de Dios. Si fuera la Palabra de Dios, nuestros grandes hombres la creerían". Algunos sin duda dijeron que de todos modos Dios no existía y que toda esta creencia en Dios y en la Palabra de Dios era mera superstición vacía.

Pero Noé creyó en Dios a pesar de todo y fue bueno para él que lo hiciera. Creer indiscutiblemente la palabra de Dios lo salvó a él y a toda su familia de la destrucción total. Tú y yo debemos ser salvos exactamente de la misma manera, si hemos de ser salvos. También tenemos la Palabra de Dios. La prueba de que este Libro es la Palabra de Dios es tan concluyente que abruma, y la Palabra de Dios, tal como se encuentra en este Libro, habla de otro juicio venidero. Nos dice que en ese juicio muchos se perderán eternamente. En general no se cree la Palabra de Dios acerca de eso. Muchos hombres de ciencia no lo creen y hoy muchos profesores de teología no lo creen, y algunos predicadores incluso ridiculizan la idea. Muchos se burlan de la idea misma de que Dios hable, y algunos incluso se preguntan si existe un Dios.

Sin embargo, sí hay un Dios y este Libro es la Palabra de Dios. Eso se puede demostrar fácilmente. Y la Palabra de Dios dice que habrá un juicio de toda la humanidad (Hechos 17:31) y la palabra de Dios acerca de ese juicio, al igual que la palabra de Dios acerca del diluvio, se cumplirá al pie de la letra.

Nuestra salvación depende de que nos aferremos a la Palabra de Dios y la creamos al pie de la letra, a pesar de las objeciones, las burlas y los argumentos erróneos de los hombres, incluso de los eruditos. Oh, feliz es el hombre que tiene suficiente sentido común como para aprender de la invariable historia del pasado y cree lo que Dios dice a pesar de la orgullosa incredulidad de los hombres, sin importar quiénes sean.

La obediencia fue lo que salvó a Noé

En tercer lugar, Noé fue salvo porque obedeció a Dios. *Entonces el Señor dijo a Noé: Entra en el arca tú y todos los de tu casa* (Génesis 7:1), y Noé vino y trajo consigo a toda su casa tal como Dios le había ordenado que hiciera (Génesis 7:5). La fe de Noé era una fe real. La fe de Noé no era una mera opinión en su mente. Ese tipo de fe no salvará a nadie. La fe de Noé era una fe del corazón, una fe que actúa según lo que cree y obedece al Dios en el que cree. Ese es el único tipo de fe que salva. Dios dijo: *Hazte un arca* (Génesis 6:14), y le dijo a Noé exactamente cómo hacerla. Noé hizo el arca exactamente según las especificaciones de Dios. No intentó ninguna mejora propia en los planes de Dios. Fue lo suficientemente sabio como para hacer exactamente lo que Dios le dijo. El arca que Dios le ordenó construir era de gran escala y debió parecer una empresa enorme. No solo eso, sino que también debió parecer una empresa absurda. Y fue una empresa muy costosa. Sin duda, los demás pensaban que Noé era ridículo. Sin duda, intentaron disuadirlo. Sin duda, algunos de sus amigos más juiciosos y confiables le señalaron formas más rentables de invertir su dinero y maneras más agradables de emplear su tiempo, pero Noé siguió haciendo exactamente lo que Dios le dijo que hiciera.

Es probable que Noé pusiera todo lo que tenía en esa vieja arca. No tenía nada en qué basar sus esperanzas excepto la palabra de Dios, pero eso era suficiente. Fue bueno para él confiar en ello. Siempre es bueno confiar en la palabra de Dios. Muy probablemente, a Noé le costó toda su fortuna construir el arca, y cuando clavaron el último clavo ya no le quedaría nada. Pero cuando salió del arca, era dueño de toda la tierra. Era toda suya. No había posibles dueños rivales. Su título de propiedad era claro e indiscutible. Todos los que se habían reído de él habían muerto. Lo habían perdido todo. Noé lo había ganado todo. Así será con ustedes y conmigo si obedecemos a Dios. El que obedece a Dios puede perderlo todo por el momento, pero lo ganará todo por la eternidad, porque llega a ser heredero de Dios y coheredero con Cristo (Romanos 8:17).

Dios le dijo a Noé que construyera el arca para su propia salvación y la salvación de su casa. ¿Qué nos manda a hacer Dios para nuestra salvación y la de nuestra casa? Hechos 16:31 responde a la pregunta: *Cree en el Señor Jesús, y serás salvo, tú y toda tu casa.* Dios nos manda a creer en Jesucristo, no a creer *sobre* Él, sino a creer *en* Él. En otras palabras, debemos aceptarlo, recibirlo, tomarlo como nuestro Salvador y tomarlo como nuestro Señor y Maestro. Debemos rendirnos absolutamente a Su voluntad y confesarlo como nuestro Señor y Maestro ante el mundo (Juan 1:12; Romanos 10:9-10).

Hagan eso y tendrán vida, vida eterna. Si lo hacen habrá quienes los consideren ridículos. No hay duda de eso. Si algunos jóvenes lectores de estas palabras aceptan a Cristo, sus compañeros se burlarán de ellos mañana por la mañana. Si algún hombre de negocios acepta y confiesa a Cristo, algunos de sus amigos de negocios se burlarán de él. Si algunas esposas aceptan a Jesucristo ahora, sus maridos ciertamente se burlarán de ellas. Puede costarle mucho a cualquiera de estas personas. Puede que a algunos de ellos les cueste su puesto. Puede que a algunos les cueste todo lo que tienen en el mundo, tal como le costó a Noé. Pero dará sus frutos. En cierto sentido, ganarán incluso más que Noé, aunque este ganó toda la tierra. Obtendrán *una herencia incorruptible, inmaculada, y que no se marchitará, reservada en los cielos para vosotros* (1 Pedro 1:4). Se convertirán en herederos de Dios y coherederos con Jesucristo. Puede que tengan que sufrir con Cristo, pero el antiguo Libro de Dios dice: *...si en verdad padecemos con Él a fin de que también seamos glorificados con Él* (Romanos 8:16-17).

Cuando Noé salió sano y salvo del arca y encontró que toda la tierra era suya, no creo que se arrepintiera del ridículo que había soportado ni del dinero que había gastado. Y cuando ustedes, que leen mis palabras, estén delante de Dios y todas las cosas sean de ustedes por toda la eternidad, no lamentarán el ridículo que hayan soportado, ni el dinero que hayan gastado por creer en Jesucristo y obedecer a Dios. Por otro lado, cuando aquellos que se habían burlado de Noé vieron crecer las aguas del diluvio, querrían haberlo invertido todo en un arca y estar seguros en su interior. Así que en el día del juicio que seguramente llegará a este viejo mundo, aquellos que ahora se burlan del cristiano y lo ridiculizan desearán haberlo invertido todo en Jesucristo. No hubo más escépticos cuando el diluvio hizo lo que hizo, y no habrá más escépticos ni agnósticos ni teósofos en el día del juicio. Habrá muchos de ustedes, caballeros y damas, que desearán no haber sido nunca escépticos, agnósticos, teósofos o los falsamente llamados cientólogos cristianos. Les aseguro que el joven inteligente que ha captado algunas de las frases comunes y argumentos de la incredulidad moderna y anda riéndose de los predicadores, de los cristianos y de aquellos que lo invitan a la iglesia y a Cristo, deseará en ese día haber tenido más sentido común y no haberlos ridiculizado.

Noé fue salvo porque aceptó la invitación de Dios

En cuarto lugar, Noé fue salvo porque aceptó la invitación de Dios. Dios había dicho: *Entra en el arca tú y todos los de tu casa*, y Noé lo hizo. No fue simplemente la invitación lo que salvó a Noé, sino del hecho de que él aceptó la invitación. Eso es lo que dirime la cuestión para cada uno de nosotros. Estamos todos invitados. Dios dice: *El que desea, que tome gratuitamente del agua de la vida* (Apocalipsis 22:17). El Señor Jesús dice: *Y al que viene a mí, de ningún modo lo echaré fuera* (Juan 6:37). ¿Aceptarán la invitación? ¿O la rechazarán? Es tan cierto hoy como lo fue cuando nuestro Señor lo dijo estando aquí en la tierra: *No queréis venir a mí para que tengáis vida* (Juan 5:40), y esa es la única razón por la que están perdidos: no quieren aceptar la invitación.

Un amigo mío me contó una historia hace muchos años. No sé dónde la escuchó y, por supuesto, no puedo garantizar su veracidad, pero ilustra exactamente lo que quiero transmitir. Dijo que cierto obrero cristiano, que era rico, deseaba explicar cómo los hombres se salvan simplemente aceptando la invitación del evangelio y se ofreció a pagar las deudas de todos los que acudieran a su oficina con ese propósito. Naturalmente, la mayoría de los hombres lo consideraron un engaño o un truco de algún tipo y no fueron a su oficina. Un hombre lo creyó, al menos lo suficiente como para intentarlo. Fue, y el cristiano rico pagó cada centavo de sus deudas. Ese hombre se salvó del peso de su deuda al aceptar la invitación. La invitación era para todos, pero solo el que la aceptaba recibía la salvación ofrecida en ella.

Noé aceptó la invitación de Dios de *entrar en el arca* y fue salvo, y cada uno de nosotros que acepta la invitación de Dios de vivir en Jesucristo aceptándolo como nuestro Salvador personal, entregándonos a Él como nuestro Señor y confesándolo como tal ante el mundo, será salvo. Todo aquel que no acepte la invitación de Dios de venir a Cristo se perderá. Depende de cada uno de ustedes decidir por sí mismo si será salvo o si se perderá, si pasará la eternidad en el cielo o si pasará la eternidad en el infierno. Ustedes deciden eso cuando eligen aceptar o rechazar la invitación de Dios.

Noé aceptó la invitación tanto para su familia como para él mismo. Los llevó consigo. Toda la familia estaba reunida. El registro dice: *Entonces entró Noé en el arca, y con él sus hijos, su mujer y las mujeres de sus hijos* (Génesis 7:7). Se ha dicho que el hecho de que en medio de tal incredulidad prevaleciente, toda su casa tuviera tal fe en el anciano al punto de que todos lo acompañaron al interior del arca es algo que habla bien de Noé. Quizás habla aún mejor de su coherencia, integridad y nobleza de carácter el hecho de que sus nueras tuvieran tanta confianza en él como la tenían sus propios hijos.

Ciertamente es más de lo que se puede decir de muchos padres cristianos hoy en día: que cada miembro de su hogar los sigue en la aceptación de Cristo. Creo que la Biblia indica claramente que cuando la familia de un hombre no lo acompaña, de alguna manera es culpa de los padres. Hay algún tornillo flojo en alguna parte de su carácter o de su conducta. Es mundano, o poco amoroso, o no es estrictamente veraz, o no es cristiano en algún aspecto. O puede que descuide la oración persistente, o el esfuerzo personal sabio y lleno del espíritu. En cualquier caso, Dios dice: *Entra en el arca tú y todos los de tu casa*, y en Hechos 16:31 Él dice: *Cree en el Señor Jesús, y serás salvo, tú y toda tu casa*. No veo cómo alguien cristiano puede descansar mientras siquiera uno solo de sus hijos esté fuera del arca. Supongamos que Noé hubiera encontrado que faltaba Sem, o

Cam, o Jafet; ¿no creen que habría hecho un gran esfuerzo por encontrarlo y traerlo?

En la primera iglesia en que fui pastor había dos mujeres que eran miembros de la iglesia. Una de estas mujeres, esposa de un granjero, tenía una familia numerosa de hijos, pero se aseguró de que todos se salvaran. Varios de ellos se convirtieron en misioneros. Al menos tres de ellos son misioneros en la actualidad. Los hijos de la otra mujer no fueron salvos. La mujer que había traído a sus propios hijos a Cristo, uno por uno, acudió a la otra mujer en un momento de profundo interés religioso y trató de incitarla a ganar a sus propios hijos para Cristo. Pero la mujer respondió: "Oh, creo que todos serán salvos... en algún momento". Pero no lo fueron. Al menos uno de ellos está muerto ahora y murió separado de Cristo.

El Dr. George Pentecost habló una vez con un joven cuya madre profesaba ser cristiana. El joven se burlaba del cristianismo y de los cristianos. El Dr. Pentecost le dijo:

— Oh, ¿piensas entonces que los cristianos son débiles de mente, que tienen una debilidad en su cerebro en alguna parte, o que son hipócritas?

El joven respondió:

— Bueno, no me gusta decirlo así, pero eso es lo que pienso.

— Pero, ¿no es cristiana tu madre?— dijo el Dr. Pentecost.

— Sí.

— ¿Tu madre es débil de mente o hipócrita?

— No tienes derecho a hablar así de mi madre—, respondió acaloradamente el joven.

— No, pero dijiste que todos los cristianos tenían una debilidad en alguna parte del cerebro, y dices que tu madre es cristiana.

El joven se sonrojó, vaciló y luego respondió:

— Si mi madre realmente es cristiana, ¿por qué nunca me ha hablado de mi alma?

Eso es lo que algunos de sus hijos piensan de algunos de

ustedes que profesan ser cristianos. ¿Cuál de sus hijos están dispuestos a perder? Oh, si tienen un hijo que no es salvo, dejen que la invitación de Dios llegue hasta lo más profundo de sus corazones: *Entra en el arca tú y todos los de tu casa.*

El Señor lo encerró

Una cosa más. Permítanme llamar su atención sobre cinco palabras maravillosamente expresivas en el relato bíblico del diluvio. Se encuentran en Génesis 7:16: *...y el Señor cerró la puerta detrás de Noé.* Cuando Dios cerró la puerta del arca, Noé estaba a salvo. Las lluvias torrenciales podrían caer desde arriba, la tierra podría hundirse debajo, las aguas del mar podrían precipitarse sobre la tierra condenada, pero Noé estaba a salvo dentro del arca construida según el modelo de Dios. Y lo mismo ocurre con nosotros una vez que estamos en el arca construida según el modelo de Dios, cuando estamos en Cristo al aceptarlo con todo nuestro corazón. Cuando aceptamos plenamente a Cristo como nuestro Salvador, nos rendimos a Él sin reservas como Señor nuestro y con gusto lo confesamos como tal ante el mundo: Dios cierra la puerta y estamos a salvo. Puede haber tormentas espantosas, puede haber tempestades feroces, puede haber un día del juicio terrible. Puede que seamos débiles en nosotros mismos, pero estamos a salvo. Puede llegar esa terrible gran tribulación de la que habla tan a menudo la Biblia, y hacia la cual las cosas parecen avanzar tan rápidamente hoy en día en Rusia, Alemania, Inglaterra e incluso en Estados Unidos, pero estamos a salvo, encerrados en el arca. Y nuestro Señor Jesús mismo dice en Juan 10:28-29: *...y yo les doy vida eterna y jamás perecerán, y nadie las arrebatará de mi mano. Mi Padre que me las dio es mayor que todos, y nadie las puede arrebatar de la mano del Padre.*

No fue la fuerza o bondad propia lo que hizo que Noé

estuviera a salvo en ese día terrible; fue estar en el arca lo que lo puso a salvo. No es ninguna fuerza o bondad que ustedes o yo podamos tener lo que nos hace estar seguros; es estar en Cristo Jesús, estar en el arca hecha según el modelo de Dios, completamente bien construida. Es un arca que resistirá cualquier tormenta.

Pero la puerta que Dios cerró detrás de Noé y su familia también se cerró al mundo incrédulo, y cuando la puerta se cerró, se acabó el día de gracia. La puerta estuvo abierta durante muchos años: *...la paciencia de Dios esperaba en los días de Noé, durante la construcción del arca* (1 Pedro 3:20). La sufrida gracia de Dios había esperado cien años y más. Pero el día de gracia había terminado.

El día de gracia pronto terminará para ustedes. La puerta sigue abierta. Algún día estará cerrada. Estará cerrada para algunos de ustedes antes de que pase otro año, estará cerrada para algunos de ustedes antes de que pase otro mes, estará cerrada para algunos de ustedes antes de que pase otra semana y para otros más estará cerrada antes de que pase otro día. Por supuesto, no conozco a las personas que leerán esta solemne declaración. Pero sean quienes sean, no presuman de la paciente misericordia de Dios. Noten las solemnes palabras de Aquel que demostró Su amor al morir para salvarlos: *Después que el dueño de la casa se levante y cierre la puerta, y vosotros, estando fuera, comencéis a llamar a la puerta, diciendo: "Señor, ábrenos", Él respondiendo, os dirá: "No sé de dónde sois"* (Lucas 13:25).

Pensemos en el último día del mundo antediluviano. Una de las pinturas más maravillosas que he visto en mi vida es la imagen del diluvio de Schorn en la nueva Alte Pinakothek de Múnich, Alemania. La pintura está inconclusa, pero es una obra maestra.

Ese día amaneció brillante y claro como otros días. Había pocas señales de que se acercara una catástrofe. Noé había entrado en el arca; los animales se habían reunido de cerca y de lejos y también habían entrado, y la gente se había sorprendido un poco por esta extraña procesión de animales que venían de los cuatro puntos cardinales. Pero habían pasado siete días desde entonces y nada había sucedido, y ya su miedo había pasado (Génesis 7:4-10).

Esos siete días fueron siete días en que despreciaron la misericordia. No solo habían desaparecido sus miedos, también había desaparecido su oportunidad. Los hombres y las mujeres volvieron a sus ocupaciones de siempre: *estaban comiendo y bebiendo, casándose y dándose en matrimonio, hasta el [preciso] día en que entró Noé en el arca* (Mateo 24:38). Llegó la noche y las calles estaban llenas de gente. En muchas casas había escenas alegres de fiesta. El sol se puso en medio de una nube. Se oían truenos lejanos.

Los hombres ríen, y dicen: "Esta es una sorprendente coincidencia. El viejo Noé dijo que el diluvio vendría hoy y realmente parece que va a llover". Los más tímidos tienen miedo. La lluvia comienza a tamborilear en las calles y la gente se apresura a llegar a su destino. Ahora la tormenta estalla con furia. Los cielos se iluminan con luz blanca y violeta, y entonces todo queda a oscuras. El trueno ruge y resuena, el agua cae en chaparrones, la tierra parece hundirse. Se *está* hundiendo. Se está hundiendo lentamente bajo el nivel del mar. Las aguas del lago desbordan y el mar Caspio pronto romperá sus antiguas barreras e inundará toda la tierra habitada. Sí, las aguas fluyen en torrente ahora, *las fuentes del gran abismo están rotas.* ¡Los hombres y las mujeres, aterrorizados y con rostros cenicientos, huyen de los teatros, los salones de baile y las casas hacia las colinas y las montañas! Aun así, la tierra se hunde y las aguas suben. Las bestias de presa olvidan sus instintos salvajes y se encogen de miedo junto a hombres y mujeres aterrorizados. Las aguas suben cada vez más. Los hombres fuertes luchan con las débiles mujeres, compitiendo por ubicarse en un lugar seguro. Las aguas pasan sobre una colina baja y cien almas apiñadas sobre ella son arrastradas hacia la eternidad.

¡Miren! En aquella colina se encuentran solos un marido y una mujer. Las aguas se acercan cada vez más. Con su antiguo amor convertido en odio salvaje, la mujer se vuelve contra el hombre que ha amado y le grita: "Hombre, me has engañado, me has arruinado. Anhelaba entrar en el arca y te reíste de mí para que no lo hiciera". Las aguas implacables los arrastran a ambos a la vez.

¡Miren de nuevo! Hay una doncella. Ella también había deseado entrar en el arca, pero ninguno de sus amigos había entrado y no estaba dispuesta a ir sola. Las aguas la arrastran envolviéndola en un abrazo de ira, y pronto el hermoso rostro se hunde en la inundación. Más allá hay un hombre que se había burlado de la fe de Noé, pero ahora el miedo y la agonía se representan en su rostro distorsionado; luego se hunde en la inundación. Un joven que ha reflexionado durante mucho tiempo con indecisión dirige una mirada suplicante hacia el cielo, pero ya es demasiado tarde y él también se hunde bajo las aguas envolventes. Así descienden, uno por uno, de dos en dos, de a centenares, hasta que el último hombre del mundo incrédulo ha desaparecido. El fin ha llegado. Toda la tierra quedó sumergida y no quedó ningún incrédulo, pero a lo lejos flota a salvo el arca de Dios, mientras la luna derrama su suave luz sobre la superficie intacta del gran abismo.

Muy pronto vendrá otro día fatal. Dios nos dice en este Libro: Él ha establecido un día en el cual juzgará al mundo en justicia, por medio de un Hombre a quien ha designado, habiendo presentado pruebas a todos los hombres al resucitarle de entre los muertos (Hechos 17:31).

¿Están listos para ese día? Entren en el arca. Créanle a Dios. Obedezcan a Dios. Acepten la invitación, acepten a Jesucristo.

Confiésenlo ante el mundo. Dejemos que el mundo se ría si quiere. Algunos de ustedes, en los impulsos más profundos de su corazón, quisieran arrodillarse ahora y suplicarle a Dios misericordia. Háganlo. No importa lo que diga la gente. No importa quién se ría. Entren en el arca.

Capítulo 9

El contraste entre el tiempo y la eternidad

Pues esta aflicción leve y pasajera nos produce un eterno peso de gloria que sobrepasa toda comparación, al no poner nuestra vista en las cosas que se ven, sino en las que no se ven; porque las cosas que se ven son temporales, pero las que no se ven son eternas (2 Corintios 4:17-18)

El apóstol Pablo tuvo que soportar algunas cosas que a la mayoría de los hombres les parecerían muy difíciles de soportar, y algunas de estas aflicciones continuaron durante muchos años. En efecto, los treinta años de su experiencia cristiana parecen, a primera vista, treinta años de abnegación y sufrimiento por Cristo. Pero al hablar de estas aflicciones en nuestro texto, Pablo habla de ellas como *nuestra aflicción leve* y también como nuestra aflicción que *es pasajera*.

¿Treinta años son algo "pasajero"? Sí, en comparación con la eternidad. Nuestras vidas de ochenta, noventa o cien años no son más que un abrir y cerrar de ojos en comparación con la eternidad. ¿Y es una *aflicción leve* la pérdida de amigos, la pérdida de la comodidad, la pérdida de la admiración y el aplauso de los hombres, la pérdida del hogar y de la tierra natal, la pérdida de todo lo que los hombres normalmente aprecian? ¿Y se consideran *aflicciones leves* el encarcelamiento, el naufragio, los azotes, el andar sin rumbo, el hambre y la lapidación? Sí, lo son, en comparación con el gozo, el honor y la gloria que se revelarán en nosotros en un día de gozo que llegará pronto.

Cuando los sufrimientos del tiempo presente se comparan con las glorias eternas que están aseguradas, no son nada en absoluto. Y cuando toda la riqueza, el placer y los honores que uno puede obtener en este mundo se comparan con la agonía eterna, la ruina, la desesperación y la vergüenza que cuesta vivir para este mundo, tampoco son nada.

Supongamos que uno recibe un millón de dólares, dos millones de dólares o cien millones de dólares a costa de perderse para siempre. ¿Vale la pena? Supongamos que toda nuestra vida, desde la niñez hasta la vejez, es una ronda constante de fiestas, banquetes, travesuras y alegrías a costa de pasar una eternidad en el infierno. ¿Vale la pena? El verdadero sabio no mira las cosas que se ven, que son por un tiempo, sino las que no se ven, que son por la eternidad. Este, entonces, es realmente nuestro tema aquí: la ETERNIDAD.

Hay una eternidad y debemos ir allí

Lo primero que nos enseña nuestro texto, y que sabemos que es verdad, es que hay una eternidad y debemos ir allí. Negarse a pensar en la eternidad es el colmo de la locura.

Una señora me dijo un día, hablando de cierto joven holgazán que había tenido grandes oportunidades en la vida pero las había desperdiciado todas: "Él solo vive para el hoy; nunca piensa en el futuro, ni en el de la vida de ahora ni en el de la vida por venir". Todos ven que el joven es un idiota. No creo que haya ninguna diferencia de opinión sobre ese punto entre quienes lo conocen. Pero, ¿es realmente mucho más tonto que el hombre o la mujer que vive solo para los breves días que pasamos en esta tierra y nunca piensa en esa vasta eternidad que se extiende más allá, a la cual nos vamos acercando todos a toda velocidad? La eternidad existe. Puede que viva noventa o cien años de la vida que tengo ahora, pero ciertamente viviré millones y miles de millones y billones de años en los interminables eones de años de la vida que está por venir. Viviré por siempre jamás.

La eternidad es lo importante. La vida que tenemos ahora es importante solo porque determina nuestra eternidad. Muchos hombres que son lo suficientemente sabios como para mirar hacia el futuro se preguntan: "¿Dónde y cómo pasaré mi mediana edad, y dónde y cómo pasaré mi vejez?". Un hombre aún más sabio se preguntará: "¿Dónde y cómo pasaré mi eternidad?". ¿Han resuelto esa pregunta? Permítanme planteárselo a cada uno de mis lectores: ¿Han decidido dónde y cómo pasarán la eternidad? Si no lo han hecho, solo hay una cosa sensata que pueden hacer, y es resolver ahora la cuestión de dónde y cómo pasarán la eternidad.

El dónde y el cómo de nuestra eternidad

La segunda cosa que deseo abordar es que en esta vida se decide dónde y cómo pasaremos la eternidad. La vida que vivimos ahora es el tiempo de prepararnos, y es el único tiempo de preparativos para la vida venidera. El tiempo es el período de preparativos y el único tiempo del que disponemos para prepararnos para la eternidad.

El niño que ha desperdiciado sus días escolares y no se ha preparado para la vida empresarial con gusto regresaría y viviría su niñez desperdiciada de nuevo cuando se vea envuelto en la cansina rueda de una vida que es resultado inevitable de una niñez y una juventud desperdiciadas, pero no puede. Mucho menos puede el hombre o la mujer que desperdicie esta vida presente en la tierra. No pueden regresar de una eternidad arruinada y vivir esta vida presente de nuevo. No se puede. Están creando su eternidad hoy.

Los hombres han tratado de creer que para aquellos que desperdician esta oportunidad presente en esta vida hay algún otro momento para preparar el futuro. Tal esperanza es la trama infundada de un sueño que no tiene un átomo de fundamento ni en el sentido común ni en la más segura Palabra de Dios. Si, dice Jesús, *moriréis en vuestro pecado; adonde yo voy, vosotros no podéis* (Juan 8:21). Esta palabra de nuestro Señor mismo deja tan claro como el día que el dónde y el cómo pasaremos la eternidad se definen en esta vida; se deciden de este lado de la tumba.

Están creando su eternidad ahora. Es posible que algún muchacho o muchacha estén diciendo en su corazón: "Saldré y tendré solo una aventurita más en el pecado". Háganlo, y puede que les lleve al infierno por toda la eternidad. En el mundo perdido de la interminable medianoche y la desesperación, mirarán hacia arriba y dirán: "El Dr. Torrey me dijo que si salía a vivir una noche más en pecado, pasaría la eternidad en el infierno, y aquí estoy". Y se retorcerán las manos, gritarán, agonizarán y se desesperarán, pero será demasiado tarde, demasiado tarde para siempre.

En Minneapolis, una noche estaba tratando con un hombre que estaba bajo una profunda convicción de pecado. Le insté a aceptar inmediatamente a Jesucristo, pero dudó y se fue sin decidirse. Pensó en ir a una taberna y tomar una copa más, y lo hizo, y eso llevó a otra, y así sucesivamente. Dos años más tarde recibí una carta suya desde la prisión estatal de Stillwater, contándome lo cerca que había estado de aceptar a Cristo esa noche, pero que luego había ido a tomar otra copa, y otra más. Contó cómo se había emborrachado y, estando ebrio, había robado un abrigo; fue arrestado, juzgado y declarado culpable. No recordaba haber robado el abrigo, pero dijo que no tenía dudas de que sí lo había hecho. Fue sentenciado a dos años en la prisión estatal de Stillwater. Añadió: "He aceptado a Cristo aquí, pero desperdicié estos dos años porque no hice lo que me instaste a hacer esa noche". Pero, ah, eso no es tan malo como despertar en el infierno y saber que van a pasar allí toda la eternidad porque no dieron el paso que saben que deben dar ahora.

Cómo asegurar una eternidad bendita y gloriosa

Hemos visto que hay una eternidad; hemos visto que el dónde y el cómo pasaremos la eternidad se determinan por la vida que vivimos ahora. Entonces nos enfrentamos cara a cara con la pregunta: ¿Qué debo hacer en la vida que tengo ahora para que mi eternidad sea satisfactoria y gloriosa?

En primer lugar, si quieren tener una eternidad satisfactoria y gloriosa, deben creer en Jesucristo en sus vidas ahora. Dios nos dice esto en Su Palabra una y otra vez. Por ejemplo, Él dice en Juan 3:36: *El que cree en el Hijo tiene vida eterna; pero el que no obedece al Hijo no verá la vida, sino que la ira de Dios permanece sobre él.*

Y Él dice en Romanos 6:23: *Porque la paga del pecado es muerte, pero la dádiva de Dios es vida eterna en Cristo Jesús Señor nuestro.* Lo primero que debemos hacer, entonces, si queremos tener una eternidad satisfactoria y gloriosa, lo primero que debemos hacer si vamos a pasar la eternidad fuera del infierno, es creer en el Señor Jesucristo.

¿Qué significa exactamente creer en el Señor Jesucristo? Dios mismo responde a esa pregunta en Juan 1:12: *Pero a todos los que le recibieron, les dio el derecho de llegar a ser hijos de Dios, es decir, a los que creen en su nombre*. Aquí se nos dice que creer en Jesucristo, *creer en su nombre*, es *recibirlo*. Eso es simplemente aceptar que Él sea para nosotros lo mismo que es para Dios cuando nos lo ofrece a todos: el Salvador que llevó nuestros pecados por nosotros, los llevó en Su propio cuerpo en la cruz y, por lo tanto, tiene la disposición y capacidad de perdonar todos nuestros pecados tan pronto como los confesamos y los abandonamos. Debemos poner nuestra confianza en Él, recibirlo también como nuestro Señor y Maestro a quien entregamos todo el control de nuestras vidas y recibirlo como nuestro maestro divino a quien entregamos nuestros pensamientos. Cualquier otra cosa que hagamos o no hagamos, es seguro que no tendremos una eternidad bendita si no recibimos a Jesucristo.

En segundo lugar, si queremos tener una eternidad satisfactoria y gloriosa debemos servir a Jesucristo. Somos salvos por gracia, pero nuestra recompensa es según nuestras obras.

La eternidad comienza con la venida de Cristo, y en Su venida Jesucristo *recompensará a cada uno según su conducta* (Mateo 16:27). Nuestra eternidad será rica y plena en proporción a la fidelidad de nuestro servicio aquí en la tierra. Hay muchos que piensan que todos los que profesan ser cristianos tendrán una eternidad igualmente gloriosa, pero esto es puro engaño. Contradice las claras enseñanzas de la Palabra de Dios y también las enseñanzas del sentido común santificado. La Palabra de Dios nos dice que algunos serán salvos *como por fuego* (1 Corintios 3:15), pero otros tendrán entrada abundante *al reino eterno de nuestro Señor y Salvador Jesucristo* (2 Pedro 1:11). El que apenas acepta a Cristo, el que se aferra al mundo en cierta medida y el que apenas hace nada por su Maestro, no tendrá tal entrada al reino eterno de nuestro Señor y Salvador Jesucristo. No tendrá una eternidad tan gloriosa como la de aquel que se aleja del mundo con todo su corazón y abandona todas sus locuras y autocomplacencias y sale y se separa y vive enteramente para Cristo, una vida de constante abnegación y servicio constante.

Cristianos profesantes, ¿se dan cuenta de que están preparando su eternidad por la forma en que sirven a Cristo en su vida hoy? ¿Se dan cuenta de que su eternidad será más rica o más pobre según la forma en que sirvan a Jesucristo en la tierra? ¿Se dan cuenta de que cada día que pasen en duro servicio hará que el cielo sea mucho más rico, y que cada día y hora desperdiciados hará que el cielo sea mucho más pobre? Mediten nuevamente en esas palabras conocidas que Dios le habló a Daniel: *Los entendidos brillarán como el resplandor del firmamento, y los que guiaron a muchos a la justicia, como las estrellas, por siempre jamás* (Daniel 12:3). Cuán importante entonces es cada día de nuestra vida cristiana. Déjenme preguntarles: el día de hoy ¿ha contado tanto como podría haber contado para la eternidad?

Nuevamente, permítanme decir que los sufrimientos que soportamos y los sacrificios que hacemos por Cristo enriquecerán la eternidad. Las palabras de nuestro Señor Jesús son muy claras sobre este punto; Él dice: *Bienaventurados seréis cuando os insulten y persigan, y digan todo género de mal contra vosotros falsamente, por causa de mí. Regocijaos y alegraos, porque vuestra recompensa en los cielos es grande, porque así persiguieron a los profetas que fueron antes que vosotros* (Mateo 5:11-12).

Hay algunos que se lamentan con amargura cuando les toca soportar insultos o calumnias, o sufrir persecución de cualquier manera por causa de Jesucristo. Lejos de lamentarlo, deberíamos alegrarnos de ello; deberíamos *alegrarnos mucho*, porque estas cosas traen gran recompensa en el cielo. Cada burla que uno soporta, cada humillación que se suma sobre nosotros, cada pérdida que sufrimos por causa de la verdad y por causa del Señor Jesucristo trae una recompensa gloriosa en la eternidad. Nunca olviden lo que dijo Pablo: *Pues considero que los sufrimientos de este tiempo presente no son dignos de ser comparados con la gloria que nos ha de ser revelada* (Romanos 8:18), y cómo dice: *...si perseveramos, también reinaremos con Él* (2 Timoteo 2:12). Las torturas aparentemente espantosas que soportan los cristianos armenios por no renunciar a su fe en Cristo, que a algunos les parecen tan incomprensibles, ya no son un misterio si tenemos en cuenta que traerán una recompensa mil veces mayor a lo largo de toda la eternidad. No se quejen, sino más bien agradezcan a Dios cada vez que tengan el privilegio de sufrir por Cristo; cuanto más sufran, más pueden regocijarse. La oportunidad de sufrir por Cristo o por la verdad es una oportunidad de inversión, que rinde un dividendo eterno.

Además, si queremos tener una eternidad completamente satisfactoria y gloriosa, debemos usar nuestro dinero para Jesucristo. El uso que hacemos de nuestro dinero en esta vida enriquece o empobrece nuestra eternidad. El apóstol Pablo dice en 1 Timoteo 6:17-19: *A los ricos en este mundo, enséñales que no sean altaneros ni pongan su esperanza en la incertidumbre de las riquezas, sino en Dios, el cual nos da abundantemente todas las cosas para que las disfrutemos. Enséñales que hagan bien, que sean ricos en buenas obras, generosos y prontos a compartir, acumulando para sí el tesoro de un buen fundamento para el futuro, para que puedan echar mano de lo que en verdad es vida.*

Y el Señor Jesús dice en Mateo 6:19-20: *No os acumuléis tesoros en la tierra, donde la polilla y la herrumbre destruyen, y donde ladrones penetran y roban; sino acumulaos tesoros en el cielo, donde ni la polilla ni la herrumbre destruyen, y donde ladrones no penetran ni roban.*

Son tan pocas las personas que parecen darse cuenta de que están creando su eternidad mediante el uso de su dinero aquí en la tierra, pero así es. Creo que algunos de nosotros miraremos atrás con pesar desde el otro mundo y diremos: "¡Qué tontería fue invertir mi dinero en casas, tierras, joyas y lujos, en novedades y chucherías, cuando podría haberlo invertido de manera que me pagara intereses hoy!".

Hombres y mujeres, la pregunta práctica más importante que enfrentamos ustedes y yo es ¿dónde pasaremos la eternidad, y cómo pasaremos la eternidad? ¿Pasarán la eternidad en el Cielo, o pasarán la eternidad en el infierno? ¿La pasarán en gozo y gloria indescriptibles, o la pasarán en angustia y vergüenza indescriptibles? El tiempo no es nada comparado con la eternidad. Diez, veinte, ochenta años no son nada comparados con la eternidad. ¡Eternidad! Esa es la cuestión más importante. Las acciones en esta vida determinan dónde pasarán la eternidad y cómo pasarán la eternidad; es una medida que se define a partir de la acción de hoy. Lo que hagan hoy es de tremenda importancia. Si aún no han aceptado a Cristo, acéptenlo ahora. Y aunque hayan aceptado a Cristo pero sirviéndole a medias, entréguense totalmente a Él desde ahora en adelante. Si han estado evitando sacrificarse por Cristo, hagan el sacrificio de inmediato. Deseo con todo mi corazón que mi eternidad sea tan rica, tan plena, tan gloriosa como sea posible, y por la gracia de Dios voy a lograr que así sea, cueste lo que cueste.

Capítulo 10

Vida eterna o la ira de Dios: ¿cuál elegirán?

El que cree en el Hijo tiene vida eterna; pero el que no obedece al Hijo no verá la vida, sino que la ira de Dios permanece sobre él (Juan 3:36)

Tenemos en estas palabras de Dios un contraste muy vívido. No conozco ningún versículo de la Biblia que esté más lleno de gloria en la primera parte y más lleno de la más oscura desesperanza en la última. Presenta las alternativas de Dios, alternativas abiertas a todos: la vida eterna para todos aquellos que creen en el Hijo y la ira de Dios para aquellos que se niegan a creer en Él. Nos deja elegir a cada uno de nosotros según lo que queremos.

Una de las frases más significativas y gloriosas que jamás se haya pronunciado es la que tantas veces estuvo en labios de nuestro Señor Jesucristo: *vida eterna*. Una de las frases más terribles y espantosas jamás pronunciadas es la otra frase que aparece en nuestro texto: *la ira de Dios*. No podemos expresar con palabras, ni siquiera concebir en nuestra imaginación, la riqueza de gloria que se encierra en esas dos palabras, *vida eterna*, ni podemos expresar con palabras ni concebir mediante la imaginación humana la profundidad del deshonor, el horror, la vergüenza, la aflicción y la desesperanza que envuelve esa otra frase, *la ira de Dios*. Es entre estas dos cosas que cada uno de nosotros está llamado a elegir: la indeciblemente gloriosa vida eterna y la inconmensurable e indescriptiblemente terrible ira de Dios: *El que cree en el Hijo tiene vida eterna; pero el que no obedece al Hijo no verá la vida, sino que la ira de Dios permanece sobre él.*

La pregunta, entonces, que enfrentamos cada uno de nosotros en este lugar es esta: ¿vida eterna o la ira de Dios? ¿Cuál será? ¿Cuál debo elegir? Esta no debería ser una cuestión difícil de resolver. Si un hombre no es un tonto empedernido o un loco de remate, ciertamente dirá: "Dame vida eterna; en cuanto a la ira de Dios, Jesús, Hijo de Dios, sálvame de ella". Pero eso no es lo que algunos de ustedes realmente están eligiendo hoy. Están deliberadamente dándole la espalda a la vida eterna y han estado dándole la espalda a la vida eterna durante años. Algunos están eligiendo deliberadamente la ira de Dios y han estado eligiendo la ira de Dios durante años.

¿Cómo podemos dudar de la existencia de un demonio que es persona de gran astucia y gran poder cuando vemos cómo los seres humanos están tan completamente cegados y engañados por su astucia, y tan completamente esclavizados mentalmente por su poder, que eligen la ira de Dios en lugar de la vida eterna? La existencia de un demonio como el que presenta la Biblia es la única explicación racional para este hecho indiscutible. Cuestionan la existencia de un demonio personal, pero ustedes mismos son demostraciones vivientes de su existencia y de su maravillosa astucia y su poder extremadamente grande.

El contraste de las cosas

Ahora, veamos más de cerca las dos posibilidades que contrastan de manera tan vívida. No podemos concebir la gloria de una ni el horror de la otra, pero podemos obtener una idea de lo que significan.

Vida eterna: ¿qué es?

En primer lugar, *la vida eterna es vida real*. En 1 Timoteo 6:19, Pablo dice: *...para que puedan echar mano de lo que en verdad es vida*. Eso es lo que es la vida eterna: *vida*. De hecho, vida no solo en apariencia sino también en realidad. Mucho de lo que llamamos vida no es en realidad vida, sino muerte.

Muchos jóvenes se sumergen en una vida de diversión, de lo mundano y de pecado, y al hacerlo claman: "Voy a ver la vida por mí mismo". No, no van a ver la vida; van a ver la muerte. Pablo tenía razón cuando dijo: *Mas la que se entrega a los placeres desenfrenados, aun viviendo, está muerta* (1 Timoteo 5:6). En realidad es Dios quien lo dice, Dios hablando a través de Pablo. La vida no es lo que se ve en el salón con su juerga; eso es la muerte. La vida no es lo que se ve en la casa de apuestas con su extraña fascinación y su intensa excitación; eso es la muerte. La vida no es lo que ven en el teatro, con su apelación a la lujuria y la fantasía impura, con sus actrices que se han casado muchas veces, con sus rostros hermosos y corazones sucios, y con sus actores que tan a menudo son los destructores de hogares felices; eso es la muerte. La vida no es lo que ven en las películas con su constante apelación a todo lo vulgar y vil en hombres y mujeres; eso es la muerte. La vida no es lo que se ve en el salón de baile, donde mujeres supuestamente decentes permiten una familiaridad de acercamiento y contacto que solo permiten las mujeres más indecentes en otro lugar; eso es la muerte. La vida no es lo que se ve en las costosas recepciones de los ricos con su vana exhibición de joyas, finas vestimentas y su repugnante y escandalosa falta de modestia en el vestir; eso es la muerte.

En cualquier lugar y en todas partes, una vida de pecado es muerte; una vida de egoísmo es muerte, una vida de placeres es muerte (1 Timoteo 5:6); una vida en lo mundano es muerte. Estas cosas no son vida, son muerte. Pero la *vida eterna* realmente es vida; es *vida en verdad*. Merece el nombre de *vida* y nadie sabe de veras qué es la vida si no ha recibido la vida eterna por medio de Jesucristo nuestro Señor. La vida eterna es vida en verdad.

En segundo lugar, *la vida eterna es plenitud de vida*. Es vida abundante. Jesús dijo: *Yo he venido para que tengan vida, y para que la tengan en abundancia* (Juan 10:10). La vida eterna es vida llena de belleza, llena de paz, llena de gozo, llena de poder, llena de gloria, vida abundante, vida desbordante.

En tercer lugar, *la vida eterna es vida satisfactoria*. Ninguna vida, excepto la vida eterna, podrá jamás satisfacer el anhelo y la capacidad de estas almas nuestras hechas a semejanza de Dios. Ninguna vida que sea puramente terrenal, ninguna vida que heredamos de nuestros antepasados por muy buenos que hayan sido y por refinado que sea su carácter, puede satisfacer nuestras almas. Ninguna vida excepto la vida que obtenemos directamente de Dios cuando recibimos al Señor Jesucristo, ninguna vida excepto la vida eterna puede satisfacer los anhelos infinitos de estos espíritus nuestros hechos originalmente a imagen de Dios. Incluso en los más depravados de nosotros, nuestros infinitos anhelos conservan huellas de esa imagen divina en la que fuimos creados.

"Dame riquezas", clama un hombre, "y estaré satisfecho".

"Dame poder", clama otro, "y estaré satisfecho".

"Dame placer", clama otro, "y estaré satisfecho".

"Dame fama", clama otro, "y estaré satisfecho".

No, no estará satisfecho con ninguno de estos ni con todos.

Sería mejor que clamara: "Dame a Dios y estaré satisfecho; dame vida eterna y seré saciado". ¡Oh, cuántos he conocido a quienes este mundo parecía haberles dado todo lo que tenía para dar, pero no estaban satisfechos! Y cuántos he conocido a quienes este mundo les había dado muy poco de todo lo que tiene para dar, y sin embargo estaban satisfechos porque tenían a Dios, y tenían vida eterna.

En cuarto lugar, *la vida eterna es la vida del conocimiento más elevado*. Nuestro Señor pone esto de manifiesto de una manera maravillosa en una declaración que hizo en uno de los momentos supremos de Su vida. En Su oración con Sus discípulos la noche antes de Su crucifixión, mientras levantaba los ojos al cielo y hablaba al Padre, dijo: *Y esta es la vida eterna: que te conozcan a ti, el único Dios verdadero, y a Jesucristo, a quien has enviado* (Juan 17:3). La vida eterna es el pleno conocimiento de Aquel que es infinito. El conocimiento que el erudito más educado ha obtenido de los libros, el conocimiento que el filósofo más intelectual ha deducido por sí mismo o el conocimiento que el científico más brillante ha descubierto al estudiar las rocas bajo sus pies o las estrellas sobre su cabeza no son nada comparados con el conocimiento que obtienen el hombre o la mujer más humildes que entran a la vida eterna. Reciben conocimiento de Dios, pleno conocimiento de Aquel que es infinito.

En quinto lugar, *la vida eterna es vida perfecta, plenitud de vida*. Es vida en su perfección, en su plenitud. Toda otra vida que no sea la vida eterna que recibimos al recibir a Jesucristo, es parcial, fragmentaria, desequilibrada e incompleta. La vida eterna es vida perfeccionada, plena, perfectamente equilibrada y completa. Tenemos una sugerencia de esto en las palabras de Pablo a Timoteo cuando dice: *...y que desde la niñez has sabido las Sagradas Escrituras, las cuales te pueden dar la sabiduría que lleva a la salvación mediante la fe en Cristo Jesús. Toda Escritura* *es inspirada por Dios y útil para enseñar, para reprender, para corregir, para instruir en justicia, a fin de que el hombre de Dios sea perfecto, equipado para toda buena obra* (2 Timoteo 3:15-17).

Aquí vemos que el conocimiento salvador de Jesucristo viene a través de la Palabra escrita, y así la vida eterna viene a través de la Palabra, como lo expresa Juan: *...pero estas se han escrito para que creáis que Jesús es el Cristo, el Hijo de Dios; y para que al creer, tengáis vida en su nombre* (Juan 20:31). Y vemos además que al recibir la vida eterna a través de la Palabra, el hombre llega a ser completo; obtiene la vida completa, la vida eterna.

En sexto lugar, *la vida eterna es vida divina, la vida misma que Dios nos ha impartido*. El apóstol Juan dice en su primera epístola: *Pues la vida fue manifestada* [es decir, manifestada en la persona de Jesucristo], *y nosotros la hemos visto y damos testimonio y os anunciamos la vida eterna, la cual estaba con el Padre y se nos manifestó* (1 Juan 1:2). La vida eterna, entonces, es la vida del Dios infinitamente Santo y bendito, la vida infinita que se nos imparte. ¡Oh, es maravilloso y sorprendente! Piénsenlo; este el privilegio de ustedes y mi privilegio. Mi privilegio, un pobre pecador, un ignorante, un gusano del polvo, uno cuyo corazón antes se centraba en las tontas locuras del mundo y el pecado repugnante, es tener la vida del Dios bendito, la vida misma de Dios mismo, ¡esta vida infinita, me fue impartida a mí!

En séptimo lugar, *la vida eterna es vida sin fin*. La infinitud no es la característica más esencial de la vida eterna, porque su calidad es más importante que su duración, pero, sin embargo, es infinita. Doy gracias a Dios que así es. Doy gracias a Dios porque me ofrece una vida que no solo es infinita en su calidad sino también infinita en su duración. No puedo estar satisfecho con nada que alguna vez llegue a su fin. Amo las flores. Miro con alegría la pequeña margarita en la hierba, el pensamiento con su rostro feliz y dulce; el lirio de los valles en su modestia, pureza y belleza incomparable. Miro la rosa en su rico y soberbio esplendor, la más querida de todas las flores para mí; pero cuando miro un exquisito ramo de rosas, la tristeza se apodera de mí, porque no puedo evitar pensar en lo pronto que se desvanecerán. "Hoja a hoja, las rosas caen; gota a gota, los manantiales se secan".[8]

Amo la naturaleza, especialmente la gloriosa belleza de una puesta de sol en las montañas o junto al mar. Pero cuando miro el verde y el carmesí, el azul y el oro, y parecería que las mismas puertas del cielo estuvieran a punto de abrirse, todo se desvanece. Cae la noche y me siento helado y solo. Amo las amistades humanas elevadas, nobles y ennoblecedoras en las que he sido particularmente favorecido por Dios; pero pasan unos años, la separación o la muerte las rompe, y todo termina. No queda más que un recuerdo y un dolor de corazón.

Así ocurre con todo lo que hay en la tierra; termina. Gracias a Dios por algo que nunca termina, algo que siempre tiene la frescura del amanecer, algo que se extiende una y otra vez hacia los espacios ilimitados de gloria cada vez mayor ante nosotros. Gracias a Dios por la *vida eterna*. Así es la vida eterna, la vida real, la plenitud de vida, la vida satisfactoria, la vida de conocimiento supremo, la vida completa, la vida que Dios nos ha impartido y la vida que nunca termina.

¿No la desean? ¿No la desean con tal intensidad que no aceptarán un no por respuesta? Yo sí. Sacrificaría todo lo que aprecio en la tierra para obtenerla. Seguiría pensando que he hecho un buen negocio aunque me costara todo lo que los hombres aprecian en la tierra. ¡Gracias a Dios la vida eterna es mía! ¡Es mía! ¡Es mía! La tengo ahora. Ya la tengo en sus inicios y tengo la promesa segura de su plenitud. Nunca la perderé (Juan 10:28-29). ¿La tendrán ustedes también?

---

8   Caroline Dana Howe, "Leaf by Leaf the Roses Fall" (Hoja a hoja caen las rosas), 1856.

La ira de Dios. ¿Qué es?

Es justo lo que expresan las palabras. He estudiado mucho la etimología y el uso de la palabra griega que se traduce como *ira* en este versículo. Significa "el intenso y establecido disgusto de Dios", "el intenso disgusto de ese Ser infinitamente Santo que nos creó a nosotros y a todas las cosas y tiene el control absoluto de todos los poderes y fuerzas del universo".

Todo marido fiel y sabio teme el disgusto de su esposa; es decir, si pudiera evitarlo él no haría nada para provocar su disgusto. Todo ciudadano honrado y sabio teme el descontento de su gobierno. Todo hijo fiel teme el disgusto de su padre. Pero, ¿cuánto más temerá la ira de Dios todo hombre inteligente y de carácter? ¡La ira de Dios! No hay nada más horrible que eso. Que Aquel que es infinitamente Santo esté disgustado contigo, que el Ser Santo, ante quien los serafines cubren sus rostros y claman: "Santo, Santo, Santo, es el Señor Dios Todopoderoso", esté disgustado contigo, y que el Omnipotente y gobernante infinito del universo esté disgustado contigo es algo terrible. Que el Poderoso que sostiene en Su mano el sol, la luna, las estrellas y todos los innumerables sistemas de mundos de luz que salpican la infinita extensión del cielo, mientras se mueven a través del espacio con increíble impulso, esté descontento contigo es algo terrible. Que el infinitamente sabio gobernante y moldeador de toda la historia de esta pequeña bola que llamamos Tierra esté disgustado contigo, y sí, que Dios esté disgustado contigo, que incurras en Su ira, en Su intenso, profundo y establecido disgusto. ¡Eso es terrible! ¡Inspira horror! Pero es ciertamente a lo que se enfrentan muchos hombres y mujeres aquí. La ira de Dios. Mediten en esto. ¡Piénsenlo! ¿Querrán eso? ¿Elegirán eso?

Aquí pues tienen ante ustedes las dos alternativas. Por un lado está la vida eterna, la vida real, la plenitud de vida, la vida satisfactoria, la vida de conocimiento supremo, la vida completa, la vida de Dios, la vida sin fin, la bienaventuranza y la gloria, la *vida eterna.* Por otro lado está la ira de Dios, el intenso, profundo y establecido disgusto del Santísimo, el Hacedor y Gobernador del universo. ¿Cuál elegirán? Si escogen esto último, algún día estarán entre los que *dicen a los montes y a las peñas: Caed sobre nosotros y escondednos de la presencia del que está sentado en el trono y de la ira del Cordero, porque ha llegado el gran día de la ira de ellos, ¿y quién podrá sostenerse?* (Apocalipsis 6:16-17).

Vida eterna o la ira de Dios

Ahora llegamos a esta pregunta, que es de suma importancia: ¿mediante qué acción determinamos si lo nuestro será la vida eterna o la ira de Dios? Noten la respuesta de Dios mismo a esta pregunta inmensamente importante. No es la respuesta de todos los filósofos modernos, no es la respuesta de todos los teólogos modernos, no es la respuesta de todos los predicadores modernos, pero es la respuesta de Dios y, por lo tanto es verdadera. Esa respuesta está en las palabras de nuestro texto: *El que cree en el Hijo tiene vida eterna; pero el que no obedece al Hijo no verá la vida, sino que la ira de Dios permanece sobre él.* Nada podría ser más claro, simple o inequívoco que esta respuesta. El único acto por el cual obtenemos vida eterna es el acto de creer en el Hijo de Dios, creer en Jesucristo. El único acto por el cual perdemos la vida eterna y atraemos sobre nosotros la ira permanente de Dios es negarnos a creer en Jesucristo.

Todo aquel que cree en Jesucristo obtiene vida eterna. Ahí está en la Palabra segura de Dios en lenguaje que hasta un niño puede entender: *El que cree en el Hijo tiene vida eterna,* no importa quién o qué sea, y no importa lo que haya sido o lo que haya hecho. Puede que sea millonario o puede que sea un pobre, puede que sea un erudito o que no sepa leer ni escribir, puede ser moral, recto y limpio o puede ser inmoral, deshonesto y vil. Pero en el momento en que cualquier hombre, mujer o niño cree en el Hijo, cree en Jesucristo, esa persona obtiene la vida eterna. Obtiene la experiencia real de los comienzos de esa vida y tiene asegurada la plenitud que le espera en el mundo venidero. Cualquier hombre o mujer puede obtener la vida eterna ahora mismo. Ustedes pueden obtener la vida eterna antes de leer otra página de este libro si así lo desean, y pueden tener esa seguridad perfecta que proviene de saber que tienen la Palabra de Dios mismo como garantía.

Pero ¿qué significa creer en el Hijo de Dios? Es aceptar el testimonio de Dios acerca de Jesucristo, que Jesús es el Cristo, el Hijo de Dios; es actuar de acuerdo con ese testimonio poniendo nuestra plena y absoluta confianza en Aquel que es tan enteramente digno de confianza. Es aceptar que Él sea todo lo que Él se ofrece a ser: nuestro Salvador crucificado que llevó cada uno de nuestros pecados en Su propio cuerpo en la cruz y así saldó la deuda. Es aceptar a nuestro Salvador resucitado que tiene todo el poder en el cielo y en la tierra y es capaz de guardarnos día a día. Es recibirlo como nuestro Señor y Maestro absoluto a quien entregamos todo el control de nuestros pensamientos y de nuestra vida. Creer en el Señor Jesucristo es poner nuestra confianza en Él. Y eso nos lleva a confiarle a Él nuestra salvación y a confiarle todo nuestro ser.

Creer en el Hijo de Dios nos llevará a ir directamente a Jesucristo, el Hijo de Dios, y decirle: "Señor Jesús, creo en el testimonio de Dios acerca de ti; que eres el Hijo de Dios, que llevaste mis pecados en tu propio cuerpo en la cruz y que resucitaste y eres hoy un Salvador vivo. Me comprometo contigo a que me salves, guardes, guíes, enseñes y gobiernes, a que hagas conmigo lo que quieras. Pongo mi confianza en ti para que me salves de la culpa del pecado mediante Tu muerte expiatoria. Pongo mi confianza en ti para que me salves del poder del pecado día a día por Tu poder de resurrección; te entrego todo el control de mi vida y mis pensamientos".

Es este compromiso sin reservas de nosotros con Jesucristo lo que trae la vida eterna, y cuando lo hacemos, podemos decir con Pablo: *...sé en quién he creído, y estoy convencido de que es poderoso para guardar mi depósito hasta aquel día* (2 Timoteo 1:12).

¿Darán ese paso decisivo? Tienen todas las razones para creer en el Hijo de Dios. El testimonio de que Él realmente es el Hijo de Dios, el propio testimonio de Dios sobre ese hecho, es incontestable. ¿Cederán al testimonio y creerán en Él?

Ahora bien, ¿cuál es el acto por el cual atraemos sobre nosotros la ira de Dios? Oh, la respuesta a eso es muy clara. Aquí está: *...el que no obedece al Hijo no verá la vida, sino que la ira de Dios permanece sobre él*. Otras versiones traducen el versículo original como...*el que no cree en el Hijo*. La verdad está en ambas versiones, pero ninguna transmite con exactitud la fuerza de la palabra que se traduce: no *cree* en un caso, y no *obedece* en el otro. La palabra así traducida significa "negarse a ser persuadido; negarse a creer", traducido exactamente sería "pero el que rehúsa creer (o no cree) en el Hijo, no verá la vida, sino que la ira de Dios permanece sobre él". La idea es que aquellos que han oído hablar de Él y no creen son responsables de no creer, porque se han negado a dejarse persuadir por la evidencia. Se han negado a ceder ante la evidencia, se han negado a creer. Esa es la verdad exacta acerca de todos los que andan por ahí sin creer en el Hijo de Dios, sin poner su confianza en el Hijo de Dios y sin aceptar al Hijo de Dios como su Salvador, su Señor, su Rey.

Han tenido abundante evidencia de que Él es el Hijo de Dios. Han tenido abundante evidencia de que Él puede salvar de la culpa y del poder del pecado, pero por amor al mundo, amor al pecado, temor al hombre o alguna otra razón, se han negado a creer; no han creído en el Hijo. Bueno, si no creen en el Hijo de Dios, Jesucristo nuestro Señor, si continúan negándose a ceder ante la evidencia de que Jesús es el Cristo, el Hijo de Dios, con esa fe real que lleva a la obediencia a Su Palabra y a confiar en Él, entonces no obtendrán la vida eterna. No, no solo eso, sino que también recibirán la ira de Dios.

¿Creen en Jesucristo? ¿Le creen con esa fe real que los lleva a actuar según lo que Él dice, con esa fe que los lleva a poner su confianza inquebrantable en Sus promesas y a rendir obediencia incondicional a Sus mandamientos y a poner su confianza en Él? Si no, la *ira de Dios permanece sobre ustedes*. No importa en absoluto quiénes o qué sean. Puede que no sean un criminal ni un monstruo moral, puede que no sean una persona grosera, egoísta y deshonesta. Puede que no sean despreciables y mezquinos; puede que sean refinados, sofisticados y muy cultos. Pueden ser un estudiante universitario o un profesor universitario, pueden ser amigables, caballeros o damas; pueden ser sinceros, amables y generosos. Pero si no creen en el Hijo de Dios y se niegan a dejarse persuadir por Sus palabras para confiar en Él como su Salvador expiatorio, su Salvador resucitado, y no están listos para actuar según cada una de Sus palabras, entonces la ira de Dios permanece sobre ustedes. La ira profunda, intensa y profunda de Dios descansa sobre todo hombre y mujer, joven y viejo, que no confía en Jesucristo como el Cristo, el Hijo de Dios, y que no está preparado para actuar de acuerdo con cada una de Sus palabras. *El que cree en el Hijo tiene vida eterna; pero el que no obedece al Hijo no verá la vida, sino que la ira de Dios permanece sobre él*. ¡Oh, es horrible! ¡Horrible! ¡Horrible!

Si pudiéramos representar la ira de Dios mediante una nube de tormenta negra y ver las cosas como realmente son, veríamos una nube de tormenta más negra que cualquiera que los ojos humanos hayan visto jamás flotando sobre las cabezas de muchos hombres y mujeres hoy mismo, lista para estallar. He sido testigo ocular de terribles tormentas en el mar y en la tierra. Una vez estuve en una casa alcanzada por un rayo, y en otro momento, estaba parado en la puerta de otra casa cuando el rayo cayó y astilló un gran roble a unos metros de distancia. Una parte del rayo atravesó la puerta misma donde yo estaba. Un verano en Northfield, tuve que salir a una tormenta eléctrica para calmar a un caballo que temblaba como una hoja y sacarlo de debajo de un árbol. En poco tiempo, el rayo cayó tres veces a la vista de donde yo estaba.

Pero una noche tuve un sueño mucho más terrible que cualquier cosa que haya visto en la vida. Fue hace más de veinte años pero lo recuerdo vívidamente, e incluso ahora recuerdo el horror atroz que me invadió en medio del sueño. Enormes bolsas de nubes ciclónicas negras, parecidas a humo y con bordes irregulares se enrollaban llenas de viento y electricidad, y a cada momento esperaba que una estallara y arrojara una muerte espantosa sobre mi pobre y devota cabeza con una reverberación ensordecedora. Creo que ese horrible sueño que me heló la sangre incluso mientras dormía es solo una vaga imagen de cada hombre y mujer de hoy que está sin Cristo. La ira de Dios está sobre ustedes. Esa terrible nube de tormenta, llena de relámpagos, truenos, muerte, vergüenza, aflicción y desesperación, ahora se cierne sobre la cabeza de ustedes, lista para estallar.

Pero Dios es paciente y misericordioso; Él no quiere *que nadie perezca* (2 Pedro 3:9) y frena la ejecución de Su ira reprimida durante mucho tiempo. Aún más, Él les ofrece vida eterna: vida real, plenitud de vida, vida perfectamente satisfactoria, vida de conocimiento supremo, vida completa, Su propia vida, vida sin fin, vida infinita, vida de gozo, belleza, poder y gloria sin medida. ¿Cuál elegirán? ¿Vida eterna o la ira de Dios? ¿Escucho a alguien murmurar: "No me gusta ese tipo de predicación. No lo creo"? Entonces estás desmintiendo a Dios porque no soy yo, sino Dios, Quien dice: *El que cree en el Hijo tiene vida eterna; pero el que no obedece al Hijo no verá la vida, sino que la ira de*

Dios permanece sobre él. Oh, hombres y mujeres, hoy se abren ante ustedes dos posibilidades: una infinitamente gloriosa, la otra inconcebiblemente espantosa. La vida eterna o la ira de Dios, ¿cuál elegirán?

Capítulo 11

Una cura perfecta para la pobreza y todos los demás males de la actualidad

> *Venid a mí, todos los que estáis cansados y cargados, y yo os haré descansar. Tomad mi yugo sobre vosotros y aprended de mí, que soy manso y humilde de corazón, y hallareis descanso para vuestras almas. Porque mi yugo es fácil y mi carga ligera* (Mateo 11:28-30)

La vida humana está llena de males: pobreza, enfermedad, duelo, fracaso, amargura de corazón, desesperanza y muerte. Si pudiéramos ver todas las lágrimas que se han derramado hoy en Estados Unidos, escuchar todos los suspiros, gemidos, lamentos y chillidos que se han emitido, o ser testigos del dolor y la desesperación que no han encontrado expresión visible o audible, creeríamos en el infierno; no en un infierno que se encuentra más allá de la tumba, sino en un infierno que existe aquí y ahora. Y eso podría hacer que nos fuese más fácil creer en un infierno en el más allá.

Pero ¿no hay cura? ¿Todo esto debe seguir y seguir para

siempre? No, no es necesario que continúe. Existe una cura perfecta para todos los males que hereda el hombre, una cura soberana, suficiente, segura y rápida. Jesucristo anunció esa cura hace más de dos mil años, pero la inmensa mayoría de los hombres y las mujeres no han escuchado, por lo que nuestros males, miserias y desesperación continúan. Esta cura que nuestro Señor Jesucristo propuso para todos nuestros males está en Mateo 11:28-30: *Venid a mí, todos los que estáis cansados y cargados, y yo os haré descansar. Tomad mi yugo sobre vosotros y aprended de mí, que soy manso y humilde de corazón, y hallareis descanso para vuestras almas. Porque mi yugo es fácil y mi carga ligera.*

El mismo Cristo Jesús es la cura de todos nuestros males. Vino para *destruir las obras del diablo* (1 Juan 3:8). Lo hace por todos los que Le reciben. La pobreza, la enfermedad, el duelo, el fracaso, la amargura del corazón, la desesperanza y la muerte, así como el pecado y la incredulidad, son todas obras del diablo, y podemos acabar con ellas viniendo a Jesús, el Cristo de Dios.

Me propongo abordar estos diversos males y mostrar cómo Jesús, el Cristo de Dios, es la cura para ellos, y cómo cada uno de nosotros puede terminar con ellos ahora mismo.

Jesucristo es la cura para el pecado

Comenzamos con el mayor de todos los males: el pecado. Se nos dice que la pobreza es un mal, y yo lo creo. Nos dicen que la enfermedad es un mal, y yo también lo creo. Pero el monstruo del mal, el mal que está en la raíz de todos los demás males, es el pecado. El pecado es el primer gran mal del que hay que deshacerse. Los predicadores del evangelio social y todos estos filántropos que intentan sacar a la gente de sus miserias mientras los dejan en sus pecados tienen buenas intenciones, pero están intentando lo imposible y admiten la desilusión total. Es como tratar de librar a los hombres de alguna enfermedad atacando los síntomas y no yendo a la raíz de la enfermedad misma. Es como si se intentara curar la viruela simplemente pintando las pústulas. El pecado es el mal radical, la raíz del mal, así que comenzamos allí, y ahí es donde todos debemos comenzar en nuestras propias vidas. Jesucristo es la cura para el pecado.

Cristo Jesús es la cura del pecado en el individuo

En primer lugar, Cristo Jesús salva de la culpa del pecado. El pecado separa a los hombres de Dios. Dios es infinitamente santo, por eso el pecado crea un gran abismo entre nosotros y el Ser Santo que gobierna este universo, el Ser a quien llamamos Dios, el único Ser que es digno de ser llamado Dios. Separados de Dios, alejados de Su gracia y poder, nos es imposible luchar contra el pecado con nuestras propias fuerzas. Pero Jesucristo elimina la barrera entre Dios y nosotros. Él carga sobre Sí nuestra culpa y, por lo tanto, tan pronto lo recibimos como nuestro portador de pecados, tenemos nuevamente acceso perfecto a Dios y a Su gracia fortalecedora, liberadora y transformadora. Leemos en Gálatas 3:13: *Cristo nos redimió de la maldición de la ley, habiéndose hecho maldición por nosotros (porque escrito está: Maldito todo el que cuelga de un madero).* Y leemos en 2 Corintios 5:21: *Al que no conoció pecado [Dios], le hizo pecado por nosotros, para que fuéramos hechos justicia de Dios en Él.*

Un día, hace algunos años, escuché a un hombre que desde pequeño había sido criado como ladrón; había pasado años en prisión en varios estados de la Unión y en otros países, pero llegó a ver que Dios lo amaba, por vil que fuera. Aprendió que Jesús había muerto por él y contó la historia de cómo la fe en este Cristo, Cristo Jesús, le había abierto el camino a Dios y a la salvación. Miles y miles podrían contar historias similares en esencia. Cristo Jesús es, sin lugar a dudas, según el testimonio de innumerables testigos competentes, una cura para la culpa del pecado.

La semana pasada estaba en la calle esperando un auto y un hombre se me acercó para hablar conmigo. Al principio pensé que iba a hablar sobre los temas comunes del día, como hacen muchos. Pero en lugar de eso, inmediatamente me preguntó: "¿Crees que un hombre puede perderse el día de gracia a causa del pecado?".

Miré su rostro y lo más profundo de sus ojos; sí, lo más profundo de su alma. Vi la ansiedad y la tristeza que había en su corazón, así que le pregunté: "¿Por qué lo preguntas?".

Entonces, él me abrió su corazón quebrantado allí mismo en la calle. Pude hablarle de nuestro glorioso evangelio y cómo según éste, todos nuestros pecados han sido cargados sobre Jesucristo y resueltos. Le hablé de lo que Jesús había dicho: ... *al que viene a mí, de ningún modo lo echaré fuera* (Juan 6:37). Una nueva luz y una nueva esperanza aparecieron en los ojos del hombre y cuando lo dejé para tomar el auto, había una sonrisa de paz en su rostro. Ningún otro evangelio que no sea el evangelio de Cristo que fue crucificado por nuestros pecados traerá al ser humano el profundo sentido del perdón de los pecados. Ningún otro evangelio le asegurará que no importa cuántos o cuán grandes hayan sido sus pecados, hay perdón para él sobre la base de la muerte expiatoria de Jesucristo. Con esa única pero suficiente base, tiene acceso a Dios.

Pero el Señor Jesucristo no solo salva de la culpa del pecado, sino que también salva del poder del pecado. Este hombre de quien hablé hace unos momentos, que fue criado como ladrón en su infancia, que había pasado años en prisión en este país y en otras tierras, habló de sus luchas desesperadas para liberarse del poder del pecado y ser hombre. Pero fracasó, una y otra vez, y el hombre se enfrentó cara a cara con la desesperación. Luego recibió a Jesucristo como su Salvador personal y las cadenas del pecado, las cadenas del apetito por la bebida, las cadenas de la impureza y la blasfemia y una multitud de malos hábitos se rompieron en un momento.

Este es solo un caso entre miles. Cristo es una cura segura para el pecado, un libertador seguro del poder del pecado, no importa cuán profundamente arraigado y desesperado pueda ser el caso. Leemos en 1 Timoteo 1:15: *Palabra fiel y digna de ser aceptada por todos: Cristo Jesús vino al mundo para salvar a los pecadores*, y luego Pablo añadió su propia experiencia: *entre los cuales yo soy el primero*. Esta declaración de Pablo era cierta, por supuesto. Cada afirmación que hay en la Biblia es cierta, pero esta afirmación en particular de que Jesucristo vino a salvar al mayor de los pecadores, si este tan solo pusiera su confianza en Él, la he visto verificada en innumerables casos.

Una mañana, al terminar el servicio matutino en la People's Church de Minneapolis, de la cual yo era entonces pastor, uno de mis diáconos se acercó a un caballero y le preguntó:

— ¿Es usted cristiano?

— No, señor —, le respondió.

— ¿Por qué no? —, preguntó el diácono.

— Soy un pecador demasiado grande como para ser salvo —, fue la respuesta.

Para su asombro, el diácono exclamó:

— ¡Gracias a Dios!

Entonces el diácono se volvió hacia la plataforma donde me hallaba, y me llamó:

— Hermano Torrey, aquí hay un hombre que dice que es un pecador demasiado grande como para ser salvo. ¡Gracias a Dios!.

El caballero parecía más desconcertado que nunca. Me acerqué a él y le pregunté:

— ¿Es verdad lo que dice el diácono?

— Sí — dijo, — soy un pecador demasiado grande como para ser salvo.

Aunque tenía apariencia de caballero, era un gran pecador. Se había ido de casa, dejando a su esposa en Toronto, Canadá, y estaba desperdiciando su virilidad y su dinero en las apuestas en Minneapolis. Justo la semana anterior había perdido treinta y cinco mil dólares en la mesa de apuestas.

Cuando dijo que era un pecador demasiado grande como para ser salvo, le dije:

— Déjame mostrarte algo.

Y abriendo mi Biblia en 1 Timoteo 1:15, le pedí que leyera.

Y leyó: *Palabra fiel y digna de ser aceptada por todos: Cristo Jesús vino al mundo para salvar a los pecadores, entre los cuales yo soy el primero.* Luego dijo:

— Bueno, yo soy el primero.

— Bueno —, dije — entonces se refiere a ti.

— Es una promesa preciosa — dijo.

— ¿La aceptarás ahora? —, le pregunté.

— Lo haré — respondió.

Le dije:

— Arrodillémonos y vamos a decírselo a Dios.

Nos arrodillamos uno al lado del otro y oramos, y cuando se levantó, supo que Dios había perdonado todos sus pecados. Se fue la semana siguiente hacia el noroeste y le perdí la pista durante casi un año, porque nunca me escribió. Luego supe que había regresado a St. Paul y estaba trabajando todas las noches por la salvación de los demás. Había traído a su esposa desde Toronto y estaban juntos otra vez, y tan felices en su nueva vida que adoptaron a una niña de un orfanato para completar su hogar.

Ningún hombre necesita continuar en pecado. Dios ha proporcionado una cura. El Señor Jesús mismo nos dice cuál es esa cura: *Así que, si el Hijo* [el Hijo de Dios, Jesús mismo] *os hace libres, seréis realmente libres* (Juan 8:36).

Jesucristo es la cura para el pecado en la sociedad
Jesucristo no es solo la cura para el pecado del individuo, sino también la cura para el pecado en la sociedad en su conjunto. Los hombres proponen diversos remedios para la cura del pecado y el crimen en el mundo. El mejor de esos remedios no será más que parcialmente eficaz. Cualesquiera que sean las leyes de prohibición que puedan lograr, nunca desterrarán el pecado o el crimen. Yo creo en la prohibición. Creo que fue algo bueno; fue algo grandioso en muchos sentidos, como muchos sabemos por observación y experiencia personal cuando la prohibición entró en vigor en esta tierra. Pero la prohibición no elimina el pecado y nunca lo hará. Ha habido más pecado y crimen en nuestro país desde la adopción de la prohibición de lo que había antes. La prohibición no tiene la culpa de eso.

Existen numerosas causas, entre las que destaca el hecho de que estamos recogiendo las consecuencias de la guerra (Primera Guerra Mundial). Oh, la guerra es algo infernal, algo sumamente condenable. El nivel de crimen habría sido aún peor, mucho peor de lo que es, si no hubiera sido por la prohibición. Pero si bien la prohibición no es la culpable del aumento del pecado y el crimen, el aumento del pecado y el crimen después de que se impusiera la prohibición muestra que prohibir no curará el pecado. Tampoco ninguna otra clase de ley externa curará el pecado, por sabia y benéfica que sea la ley. Solo Jesucristo, el Jesucristo personal, es la cura para el pecado del individuo y también la cura para el pecado y el crimen en el estado, en el hogar y en la sociedad en general. Su segunda venida desterrará por completo el pecado y el crimen de la tierra, de modo que la justicia y el conocimiento del Señor cubrirán la tierra como *las aguas cubren el mar* (Isaías 11:9).

Jesús, entonces, es la cura para todo pecado en todos los aspectos de su funcionamiento.

Jesucristo es la cura para la incredulidad

El siguiente mal más grande después del pecado es la incredulidad. De hecho, los dos van de la mano; donde reina el pecado reina la incredulidad, donde reina la incredulidad reina el pecado. La incredulidad engendra pecado y el pecado fomenta más incredulidad. Socava la fe en la Biblia, en el Dios de la Biblia y el Cristo de la Biblia, y el resultado es un carnaval de lujuria, codicia, pasión, odio, deshonestidad, asesinato y guerra con todos los horrores que la acompañan. La creciente incredulidad es una de las causas principales, la única causa fundamental, de la lujuria, el crimen, la inmoralidad, la inmodestia, la indecencia, la anarquía, el robo y el asesinato que arrasan nuestra tierra hoy. Nuestras escuelas, colegios y universidades han estado socavando la fe en la Biblia, el Dios de la Biblia y el Cristo de la Biblia, y estamos recogiendo la cosecha, y es una cosecha terrible.

Las cosas que leo en los periódicos sobre hombres y mujeres que son secuestrados y asaltados todas las noches, y a veces asesinados, son deprimentes. Pero para quien mira hacia delante con mirada clara, no son tan deprimentes como lo que uno ve en todas partes en cuanto a la conducta presuntuosa, audaz y desvergonzada de la nueva generación, la conducta de nuestros chicos y chicas de secundaria y, sí, de nuestros niños y niñas de primaria. La incredulidad ha llegado a nuestras escuelas y hogares como una inundación. Muchos de nuestros niños y niñas no están en la escuela dominical, estudiando el único Libro entre todos los demás libros que contribuye al carácter noble y al buen civismo. En cambio, pasan el fin de semana en las montañas, niños y niñas juntos, y en la orilla del mar, observando y participando de desfiles sin pudor, y varias otras cosas. También van al cine de a miles, a ver películas cuyo principal atractivo es a menudo la indecencia.

Tomen cualquier periódico y encontrarán que anuncia

películas indecentes con imágenes tremendamente sugerentes para atraer a los jóvenes, anuncios de tal carácter que no hace muchos años un periódico habría sido procesado si se hubiera atrevido a publicarlos. Incluso la YWCA (Asociación Cristiana de Mujeres Jóvenes), que se supone es una institución cristiana y "un brazo de la iglesia", organiza grupos de excursión para chicas jóvenes el Día del Señor, alejándolas de casa, de la escuela dominical y de la iglesia para pasar el fin de semana en el paisaje de algún cañón. Cuanto más se propague la incredulidad en nuestra ciudad, más ganancias para los contrabandistas, casas de apuestas y burdeles que hoy dependen de algún subsidio gubernamental.

Pero los hombres dicen: "Puede que sea así, pero no puedo evitar mi incredulidad. Si no puedo creer, no puedo, y eso es todo".

No, eso no es todo. Existe una cura, una cura segura para la incredulidad; la cura es Jesucristo. Vayan a Jesucristo. Cuéntenle sobre su incredulidad. Sean sinceros. Díganle que no pueden creer en la Biblia, que no pueden creer en Dios, que no pueden creer en Él de la forma en que los cristianos afirman creer en Él. Pero díganle también que si la Biblia es verdad, ustedes quieren conocerla; si hay un Dios, quieren saberlo y quieren conocerlo. Díganle que si Él es el Hijo de Dios, ustedes también quieren saberlo. Y díganle que si Él se los muestra, entonces lo aceptarán como su Salvador y se entregarán a Él como su Señor, y como tal Le confesarán ante el mundo. Luego, tomen las palabras de Jesús tal como han sido registradas en los cuatro Evangelios. Tomen en particular el Evangelio de Juan y léanlo con sinceridad, buscando la luz y obedeciéndola tan pronto como la obtengan. Su escepticismo y Su incredulidad pronto desaparecerán. Amigos míos, puede que no tengan la culpa de su incredulidad, pero la tendrán si continúan en ella, porque les he señalado una cura. Miles han probado esta cura. Nunca ha fallado, ni en un solo caso.

Durante años estuve en el púlpito de la Iglesia Moody en Chicago y desafié a los incrédulos a venir a mí para que les mostrara una cura racional para su incredulidad, y si de cualquier manera no tenía éxito, dejaría que los incrédulos hablaran desde esa plataforma. Muchos vinieron, pero nunca hubo un caso de fracaso, ni uno solo, cuando realmente tomaban el remedio sugerido.

Una noche me presentaron a un hombre. Se había jactado en voz muy alta de que quería hacerme algunas preguntas. Bueno, yo le hice algunas preguntas a él. Le pregunté si pensaba que había una diferencia absoluta entre el bien y el mal.

— Sí —, dijo.

— Bueno — proseguí, — entonces deberías tomar posición y seguir lo correcto dondequiera que te lleve. ¿Lo harás?.

Buscó la forma de no contestar, pero insistí y finalmente dijo:

— Sí.

Luego le pregunté si sabía que no existía Dios, o si sabía que Dios no contestaba las oraciones. Él respondió:

— No, no lo sé. De hecho, creo que existe un Ser Supremo.

Pero añadió que no creía que este Ser Supremo respondiera a la oración.

— Bueno, ¿sabes si Él no responde a las oraciones? —, le pregunté.

— No — respondió, — no sé si Él responde o no.

— Bueno — dije, — sé que sí lo hace, pero no te pido que confíes en mi palabra; compruébalo por ti mismo. Aquí hay una posible pista: puede ser que Dios responda la oración. Si eres tan honesto como dices ser en tu búsqueda de la verdad, probarás esta pista y descubrirás lo que puede contener. ¿Harás esta oración?: "Oh Dios, si hay algún Dios, muéstrame si Jesucristo es Tu Hijo o no; si me muestras que lo es, prometo aceptarlo como mi Salvador y confesarlo como tal ante el mundo".

Ahora intentó esquivar la pregunta más que antes. Trataba

de preguntarme qué era la vida y muchas otras preguntas irrelevantes. Pero no desvié la conversación. Le mostré que lo que estaba mal era que se resistía a orar. Pero al final, desesperado, se arrodilló y en su excitación pateó una silla, y soltó las palabras de una oración.

— Ahora — le dije, — ¿podrías simplemente tomar el Evangelio de Juan, leerlo buscando luz con sinceridad, y volver en dos semanas para decirme el resultado?

— Sí, lo haré —, dijo.

Pero nunca regresó. ¿Por qué no? Ustedes lo saben. No quería curarse de su incredulidad. Quería incredulidad porque quería pecado.

Sin embargo, muchos sí regresaron, todos curados. He estado haciendo esta misma oferta durante muchos años en muchas ciudades, muchos estados y muchos países, y nunca ha habido un solo caso de fracaso hasta ahora. Aún no ha regresado ningún hombre que haya podido decirme que había tomado el remedio y permanecía escéptico. Ahora bien, si dudan de esa cura, pruébenla ustedes mismos.

Jesucristo es la cura para la pobreza

El tercer mal al que deseo referirme es la pobreza. Jesucristo es la cura para la pobreza. Estoy de acuerdo con Henry George cuando dice que la pobreza es un mal.[9] Los hombres pueden sacar algo bueno de la pobreza; muchos hombres han salido bien de la pobreza, pero la pobreza es un mal. Está muy bien que filósofos como Séneca,[10] a quien Ingersoll[11] elogió y exaltó

---

9   Henry George fue un economista político y periodista estadounidense en los Estados Unidos del siglo XIX.
10 Séneca fue un filósofo y estadista romano cuya contribución duradera ha sido la escuela del estoicismo, que enseñaba que la virtud es el único bien para los seres humanos.
11 Robert Green Ingersoll fue un abogado, escritor y orador estadounidense durante la Edad de Oro del librepensamiento que hizo campaña en defensa del agnosticismo.

por encima de Pablo y Jesucristo, escriban sobre las excelencias de la pobreza cuando ellos mismos están desperdiciando, como lo hizo el propio Séneca, vastas fortunas en el lujo más extravagante. Tal filosofía puede ser adecuada para alguien que descarga imprudentemente pirotecnia verbal como el coronel Ingersoll, pero no será adecuada para personas honestas y pensantes que aman a los de su especie y mantienen los ojos abiertos. La pobreza es un mal.

Cuando camino por las casas de los pobres en varias ciudades de este y otros países, veo la aglomeración, respiro el aire venenoso y escucho las maldiciones, juramentos y obscenidades que saludan los oídos de los niños inocentes desde el día en que abren sus ojos hasta el día en que serán llevados al cementerio de pobres. Cuando escucho y veo estas cosas, me dan ganas de decir: "Maldita sea la pobreza". La pobreza es un mal y la odio. La odio no solo por mí, sino también por aquellos que la padecen. No puedo caminar entre las casas de los pobres sin sentir dolor, y no deseo hacerlo. La pobreza es un mal; Jesucristo es la cura.

Jesucristo es la cura para la pobreza del individuo
En primer lugar, Jesucristo es la cura para la pobreza en esta vida. No hay garantía de que si un hombre viene a Cristo se convertirá en un hombre rico en esta vida presente. Eso no es deseable para la mayoría de los hombres. De hecho, muy pocos hombres que tienen grandes riquezas en esta vida no acaban arruinados por ellas. Pero hay una garantía de que si uno viene a Cristo, creyendo realmente en Él como Salvador y entregándose absolutamente a Él como Señor y Maestro, todas sus necesidades reales serán satisfechas.

Jesucristo mismo dice en Mateo 6:33: *Pero buscad primero su reino y su justicia, y todas estas cosas os serán añadidas. Y todas estas cosas* son las cosas de las que se habla en los versículos inmediatamente anteriores: comida, bebida, vestido y las necesidades de la vida diaria. Esta declaración de Jesucristo es cierta. He observado cómo se comprueba en circunstancias anormalmente difíciles durante cuarenta años y nunca he conocido un caso en que fallara. He conocido casos de aparente fracaso, pero cuando los examiné de cerca descubrí que el fracaso no se debió a la promesa de Dios, sino a que las personas no cumplieron con las condiciones de la promesa.

Pablo dice en Filipenses 4:19: *Y mi Dios proveerá a todas vuestras necesidades, conforme a sus riquezas en gloria en Cristo Jesús.* Esa gran promesa también es cierta cuando se cumple con las condiciones establecidas en el contexto. He visto estas promesas puestas a prueba una y otra vez en las circunstancias menos prometedoras y ninguna de ellas ha fracasado jamás. A menudo ha parecido que iban a fracasar, pero nunca lo han hecho.

He conocido a muchas personas que se encontraban en la pobreza más abyecta y que alcanzaron posiciones de comodidad y abundancia al aceptar a Jesucristo. Muchos de ellos desfilan en mi memoria mientras hablo. En toda la ciudad de Chicago y en todo el país, hay personas que han pasado de la pobreza a la abundancia y la opulencia gracias a la influencia de una iglesia, la Iglesia Moody en Chicago. No es que esta iglesia les haya dado dinero, sino que la iglesia los ha traído a Cristo y Cristo los ha traído a la abundancia. Lo mismo ocurre con muchas iglesias en todo el país. Como hecho demostrado, Jesucristo es la cura para la pobreza del individuo.

Jesucristo es la cura para la pobreza en la vida venidera
El hombre o la mujer que acepta a Jesucristo se convierte en hijo de Dios, y si es niño, entonces en heredero, heredero de Dios y coheredero con Cristo (Juan 1:12; Romanos 8:17). Si el mendigo más pobre de la tierra aceptara a Jesucristo, ese mendigo

se convertiría de inmediato en heredero de propiedades cuya magnificencia sobrepasa con creces las de todos los multimillonarios de la tierra. Paso y contemplo las mansiones de los ricos en muchas ciudades, entro y paso por los magníficos palacios de reyes y emperadores, como lo he hecho en muchas tierras, y digo que todo esto no es nada, nada, comparado con lo que pronto tendré.

Oh, los invito a todos a riquezas incalculables. Para el hijo de Dios hay solo un poco de tiempo antes de recibir una *herencia incorruptible, inmaculada, y que no se marchitará.*

Jesucristo es la cura para la pobreza en la sociedad en general
Cuán seria e infructuosamente han buscado una cura para la pobreza los filósofos sociales. Creo que Henry George ha sido el que ha estado más cerca de encontrar una cura que fuera eficaz y practicable. Pero confieso que no tengo expectativas de verla jamás en funcionamiento en la medida en que sería necesario para que logre algún bien real y permanente. E incluso si se pusiera en marcha, no esperaría ver todos los resultados que sus partidarios más optimistas imaginan que se producirían. Todavía habría pobreza, porque seguiría habiendo astuta codicia por un lado e imprevisión, pereza y despilfarro por el otro.

Pero cuando Jesús vuelva a reinar, desterrará la pobreza. El amor reinará. El león y el cordero se echarán juntos, y el cordero no será comido por el león, como tantas veces ocurre ahora (Isaías 11:6). No más pobreza, no más opresión, no más guerras comerciales, no más devastación por parte de los fuertes y no más robo a los débiles cuando venga Jesucristo. La igualdad, la fraternidad y la abundancia reinarán en todas partes.

La gente me pregunta por qué espero con ansias la segunda venida del Señor Jesucristo. Anhelo la pronta venida de Jesucristo por muchas razones. Pero una razón es que salgo y veo a miles y decenas de miles de pobres en las grandes ciudades de nuestra tierra. Veo a los cerdos humanos que dominan los negocios, la política y la sociedad de nuestros días, que pisotean a los débiles bajo sus pies y los arrojan al barro en su glotón deseo de llegar a su basura. Me dan ganas de llorar: "¿Hasta cuándo, Señor, hasta cuándo? Ven, Señor Jesús. Ven rápido". Esta es mi única esperanza para aquellos que se ven desposeídos en la actual y loca lucha que llamamos negocios. Pero es una esperanza totalmente suficiente. ¡Él viene! Y cuando Él venga, la sociedad será reconstruida desde abajo hacia arriba. El principio que gobierna la vida humana ya no será la competencia, es decir, el "sálvese quien pueda y el diablo se llevará al último", sino que cuando Él venga, el principio rector de toda la sociedad será *amar al prójimo como a uno mismo*, y la pobreza, la carencia y la opresión dejarán de existir para siempre.

Jesucristo es la cura para la pobreza. Si desean que se elimine la pobreza, alístense en el ejército de Jesucristo.

Jesucristo es la cura para la enfermedad

El próximo mal es la enfermedad. Algunas personas consideran la enfermedad como una bendición y, sin duda Dios convierte la enfermedad en una bendición para algunos de nosotros. He tenido enfermedades y dolores por los cuales he dado gracias a Dios. Pero si leo mi Biblia correctamente, la enfermedad era una maldición y pertenece propiamente al reino del diablo, no al de Dios. Y observo que la mayoría de las personas que consideran la enfermedad como una bendición están perfectamente dispuestas a que otro disfrute de todas las bendiciones de este tipo. Si la bendición les llega, están dispuestos a tomar todo tipo de píldoras amargas y pociones nauseabundas para deshacerse de esta bendición tan estimada. En términos sencillos y sin adornos, la enfermedad es un gran mal. Jesucristo es la cura para la enfermedad.

Jesucristo es la cura para las enfermedades en esta vida presente
La regla general de Dios con respecto a Sus hijos es que Dios desea que estén bien y Jesucristo los sana cuando confían en Él para hacerlo. No voy a entrar en los puntos delicados y controvertidos sobre la sanidad divina y la curación por la fe, pero sé por experiencia personal y observación cuidadosa durante muchos años que el Señor Jesucristo, que resucitó de entre los muertos y ascendió a la diestra del Padre, tiene todo poder en el cielo y en la tierra y cura las enfermedades en nuestros días. Jesucristo, el Hijo resucitado de Dios, ha curado a muchos hombres y mujeres que habían estado irremediablemente enfermos durante años y a quienes todos los médicos no pudieron sanar.

El poder sanador de Jesucristo se manifestará en la vida venidera
Los hijos más queridos, puros y nobles de Dios enferman y mueren en esta vida; pero en la vida que nos espera no habrá muerte, ni enfermedad, ni dolor. Sin embargo, en ese otro mundo habrá mucha enfermedad, dolor y muerte eterna para aquellos que rechazan a Cristo en este mundo: una muerte sin fin. Oh, enfermo, ven a Jesús. Él es la cura para la enfermedad.

Me falta tiempo para mencionar otros males como el duelo, la desilusión, la amargura del corazón, la desesperación y la muerte, para los cuales Jesús y solo Jesús es la cura. Jesucristo es la cura para todo mal conocido por el hombre. Ahora está de pie con las manos extendidas, como lo hizo aquel día en Capernaúm cuando pronunció las palabras de nuestro texto. Y nos llama como a ellos: *Venid a mí, todos los que estáis cansados y cargados, y yo os haré descansar. Tomad mi yugo sobre vosotros y aprended de mí, que soy manso y humilde de corazón, y hallaréis descanso para vuestras almas. Porque mi yugo es fácil y mi carga ligera* (Mateo 11:28-30).

Capítulo 12

Jesús es el Cristo, el Hijo de Dios

Estas se han escrito para que creáis que Jesús es el Cristo, el Hijo de Dios; y para que al creer, tengáis vida en su nombre (Juan 20:31).

Mi tema aquí es "Jesús es el Cristo, el Hijo de Dios". El texto está en Juan 20:31: *Estas se han escrito para que creáis que Jesús es el Cristo, el Hijo de Dios; y para que al creer, tengáis vida en su nombre.*

Este texto declara que Jesús es el Cristo, el Hijo de Dios, y que todo aquel que realmente cree en ese hecho obtiene vida eterna al creerlo. Léanlo de nuevo: *Estas se han escrito para que creáis que Jesús es el Cristo, el Hijo de Dios; y para que al creer, tengáis vida en su nombre.*

Jesús es el Cristo, el Hijo de Dios

¿Cómo sabemos que Jesús es el Cristo, el Hijo de Dios?

En primer lugar, sabemos que Jesús es el Cristo, el Hijo de Dios, mediante un estudio cuidadoso y sincero del Evangelio de Juan. Juan dice: *Estas se han escrito para que creáis que Jesús es el Cristo, el Hijo de Dios; y para que al creer, tengáis vida en su nombre.* En otras palabras, en su Evangelio, Juan presenta la evidencia de que Jesús es el Cristo, el Hijo de Dios. No podemos abordar esa evidencia aquí, ni es necesario. Cualquiera de ustedes puede examinarla por sí mismo; si leen con franqueza la evidencia tal como la presenta Juan, con un deseo sincero de conocer la verdad y con una ferviente determinación de obedecer la verdad cuando la descubran, sabrán con certeza que Jesús es el Cristo, el Hijo de Dios, incluso antes de que terminen de leer el Evangelio de Juan.

Desafío a cualquier persona a estudiar el Evangelio de Juan con una mente sincera, con un deseo sincero de conocer la verdad y la voluntad de obedecerla cuando la encuentre, y a llegar a cualquier otra conclusión que no sea la de que Jesús es el Cristo de Dios, y el mismo Hijo de Dios. He visto a varios intentarlo una y otra vez; muchos eran escépticos o incluso agnósticos totales cuando comenzaron, y en todos los casos en que un hombre ha buscado la verdad con la voluntad de obedecerla a cualquier costo, se ha convertido en un creyente de que Jesús es el Cristo, el Hijo de Dios, al momento en que completó el Evangelio. El resultado ha sido el mismo en todos los casos. Cada uno de ellos ha llegado a ver que Jesús es el Cristo, el Hijo de Dios, y al creer en Él como tal, ha obtenido la vida eterna. Supongo que podría quedarme aquí una hora y contarles casos específicos que he observado personalmente. Pero déjenme contarles sobre solo uno.

Una vez estaba celebrando reuniones en Wellington, Nueva Zelanda, y hablé con hombres de negocios y profesionales durante el mediodía en uno de los teatros. Al terminar una de estas reuniones, un viajero prominente vino a verme; se decía que era el viajero más destacado de Nueva Zelanda. Él dijo:

— Charlie George (uno de los propietarios de los principales grandes almacenes de la ciudad) cree que yo debería hablar contigo, pero creo que no puedes ayudarme.

— ¿Cuál es el problema? —, le dije.

Él respondió:

-— Soy agnóstico y no puedes ayudarme.

— Bueno — respondí, — he ayudado a muchos agnósticos y tal vez pueda ayudarte a ti.

Luego continué.

— ¿En qué crees, de todos modos?

— No creo en nada — contestó él.

Le dije:

— ¿No crees que existe una diferencia absoluta entre el bien y el mal?

— Oh, sí — dijo, — eso sí lo creo.

— Bueno — le expliqué, — después de todo, sí crees en algo. Eso es todo lo que yo creía al principio, y eso es suficiente para que cualquiera pueda comenzar a creer.

Luego dije:

— Si tienes algo de algo y quieres más, ¿qué haces?

— Pues, uso lo que tengo.

— Eso es correcto. Si tienes algo de músculo y quieres más músculo, ¿qué haces?

— Utilizo el músculo que tengo —, contestó.

— Si tienes algo de memoria y quieres una mejor memoria, ¿qué haces?

— Utilizo la memoria que tengo.

— Si tienes algo de dinero y quieres más dinero, ¿qué haces?

— Utilizo el dinero que tengo.

— Está bien — le dije, — tienes algo de fe. Crees que existe una diferencia absoluta entre el bien y el mal. Quieres más. ¿Usarás lo que tienes? Dices que crees que existe una diferencia absoluta entre el bien y el mal. ¿Usarás esa fe? ¿Te pararás del lado correcto y lo seguirás dondequiera que te lleve, a cualquier precio?

Vacilando un poco, dijo:

— Sí, lo haré, pero no puedes ayudarme, solo estás perdiendo el tiempo.

— Ahora — dije, —¿sabes si no existe Dios?

— No — respondió, —no sé si Dios no existe. No sé nada al respecto.

— Bueno, yo sé que hay un Dios, pero eso no te servirá. ¿Sabes si Dios no contesta la oración?

— No — me dijo, — no sé si Dios no responde la oración. No creo que lo haga, pero no sé si no lo hace.

— Bueno — continué, — yo sé que Él lo hace, pero eso no te servirá de nada. Sin embargo, tú conoces el método de la ciencia moderna. El método de la ciencia moderna es este: siempre que encuentres una posible pista del conocimiento, sigues esa pista para descubrir lo que puede haber en ella. No es necesario que sepas que hay algo en ella. Simplemente síguela para descubrir qué puede contener.

— Sí — dijo, — correcto.

— Bueno — proseguí, — ¿estás dispuesto a aplicar este método de la ciencia moderna a la investigación religiosa? Admites que puede haber un Dios y que Él podría responder a las oraciones. He aquí entonces una posible pista hacia el conocimiento. ¿La seguirás para descubrir qué puede haber en él? ¿Harás esta oración?: "Oh, Dios, si hay algún Dios, muéstrame si Jesucristo es Tu Hijo o no, y si Tú me muestras que lo es, prometo aceptarlo como mi Salvador y confesarlo como tal ante el mundo".

— Sí — contestó, divertido, — también haré eso, pero no servirá de nada. No puedes ayudarme, solo estás perdiendo el tiempo.

— Bueno — respondí, — he ayudado a muchos y tal vez pueda ayudarte a ti. Ahora, solo una cosa más. Juan dice en

Juan 20:31: *Estas se han escrito para que creáis que Jesús es el Cristo, el Hijo de Dios; y para que al creer, tengáis vida en su nombre.* Juan te presenta en su Evangelio la evidencia de que Jesús es el Cristo, el Hijo de Dios. ¿Tomarás la evidencia y la leerás? No te pido que lo creas. No quiero que ni siquiera intentes creerla. Simplemente quiero que estés dispuesto a dejarte convencer. ¿Tomarás el Evangelio y lo leerás con la mente abierta?

— Oh — replicó él, — lo he leído.

— Sí pero quiero que lo leas de una manera nueva. Comienza en el primer capítulo y el primer versículo y lee versículo tras versículo hasta terminar el Evangelio. No leas demasiados versículos a la vez. Presta mucha atención a lo que lees, y cada vez antes de leer, ofrece esta oración: "Oh, Dios, si hay algún Dios, muéstrame qué hay de verdad en estos versículos que estoy a punto de leer, y lo que me muestres que sea verdad, prometo acatarlo".

Con tono lánguido y cansino, dijo:

— Sí, también lo haré, pero no servirá de nada.

Luego repasé con él lo que había acordado hacer y le pedí que me prometiera que me escribiría sobre el resultado.

Pasaron varias semanas. Dejé Wellington y fui a Christ Church y de Christ Church a Dunedin. Después de pasar unos días en Dunedin, una señora vino a la casa donde me encontraba y pidió verme. Cuando entré a la sala de recepción, ella se levantó y caminó hacia mí con una carta en la mano, que me tendió. Me dijo: "Tengo una carta de mi marido y es la carta más extraña que he recibido jamás. No lo entiendo, pero dijo que podía mostrártela". Ella me entregó la carta, la tomé y la leí. Era de este hombre. Comenzaba así: "Mi querida esposa: creo que me he convertido. No estoy seguro todavía y no deseo que se lo digas a nadie hasta que esté seguro, pero puedes mostrarle esta carta a tu pastor y al Dr. Torrey, porque fue él quien me habló en Wellington".

Ese hombre se manifestó como cristiano, como creyente en Jesús como el Cristo, el Hijo de Dios, y en la Biblia como Palabra de Dios. Cuando llegamos a Inglaterra, su madre, que era una mujer muy prominente en la vida pública allí, le escribió al Sr. Alexander para agradecernos lo que habíamos hecho por su hijo en Nueva Zelanda. Cualquiera de ustedes puede probarlo por sí mismo. El resultado siempre ha sido el mismo y siempre será el mismo. Nunca ha habido una excepción.

En segundo lugar, sabemos que Jesús es el Cristo, el Hijo de Dios, porque eso es lo que Jesús mismo afirmó ser, y Dios puso el sello de Su respaldo a Su afirmación al levantarlo de entre los muertos. Que Jesús afirmó ser el Cristo, el Hijo de Dios, el Hijo de Dios en un sentido único, en el sentido de que ningún otro hombre que alguna vez caminó sobre esta tierra fue el Hijo de Dios, es incuestionable.

En Marcos 12:6, nuestro Señor Jesús establece un contraste entre Él y todos los profetas de la antigua dispensación, incluso los más grandes que hubieran existido. Él dice que mientras ellos eran meros siervos, Él es el Hijo, el único Hijo de Dios. En Juan 10:30 Jesús llegó al extremo de decir: *Yo y el Padre somos uno*. En Juan 14:9 hasta se atrevió a decir: *El que me ha visto a mí, ha visto al Padre*. En Juan 5:23 llega incluso a decir: *Todos honren al Hijo así como honran al Padre*. Esa fue la afirmación que Jesús repitió tantas veces.

Era una afirmación impactante. Si la afirmación no era cierta, era total y vergonzosamente blasfema. Los judíos condenaron a muerte a Jesucristo acusándolo de ser blasfemo por pronunciar esta afirmación. Y si esta afirmación de Jesús no era cierta y Jesús no era el Cristo, el Hijo de Dios, el Hijo de Dios en el sentido de que ningún otro es el Hijo de Dios, entonces los judíos hicieron lo correcto de acuerdo con su propia ley dada por Dios al darle muerte bajo el cargo de blasfemia, excepto que lo hubieran matado por lapidación y no, por crucifixión.

No se puede negar la deidad de Jesús sin justificar también a los judíos al darle muerte. Si son unitarios y además lógicos, deben justificar la ejecución de Jesucristo. Pero antes de que las autoridades judías Le dieran muerte, Jesús les dijo que Dios pondría el sello de Su respaldo sobre Su declaración, por la cual lo estaban ejecutando, al resucitarlo de entre los muertos. Matarlo, lo hicieron; ponerlo en el sepulcro de José, lo hicieron; rodar la piedra hasta la puerta del sepulcro, lo hicieron; sellar la piedra con el sello romano (violentar ese sello era la muerte), lo hicieron.

Pero cuando llegó la hora señalada, tal como Jesús lo había predicho, el aliento vivificante de Dios sopló recorriendo esa arcilla dormida y Dios lo resucitó triunfante sobre la muerte y la tumba. Al hacerlo, proclamó a todas las generaciones futuras, y a nosotros, más claramente que si lo hubiera proclamado hoy desde los cielos abiertos sobre Los Ángeles: "Este hombre es lo que afirmó ser: Él es el Cristo, Él es el Hijo de Dios. Todos los hombres deben honrarlo así como me honran a Mí, el Padre".

He demostrado una y otra vez desde esta plataforma que la resurrección de Jesús de entre los muertos es el hecho mejor comprobado de la historia, y la resurrección absolutamente cierta del Señor Jesucristo demuestra que Él es el Cristo, el Hijo de Dios.

En tercer lugar, sabemos que Jesús es el Cristo, el Hijo de Dios, por Su influencia sobre toda la historia posterior. Que Jesucristo afirmara ser el Cristo, el Hijo de Dios en un sentido completamente único como ya hemos visto, ni siquiera es una pregunta honesta. Pero el hecho de que Jesús afirmara ser el Cristo, el Hijo de Dios, una persona divina que debe ser honrada y adorada, así como Dios el Padre es honrado y adorado, no prueba que realmente lo fuera. Sin embargo, sí prueba que o bien era el Hijo de Dios en un sentido único, como afirmaba ser, o que era el impostor más atrevido, blasfemo y escandaloso que jamás haya caminado sobre esta tierra, o que era uno de los más locos desesperados que alguna vez deshonraron a la humanidad por su imbecilidad mental.

La posición unitaria moderna, la posición también de algunos predicadores que no se llaman a sí mismos unitarios sino ortodoxos y evangélicos, es que Jesús no era una persona divina. Creen que Él era el Hijo de Dios solo en el sentido de que todos somos hijos de Dios; creen que fue un buen hombre, quizás el mejor hombre que jamás haya existido en esta tierra, pero esto es la culminación misma de la irracionalidad y el absurdo intelectual. Fuera lo que fuese, Jesús no era un buen hombre; es decir, si no fuera Dios como decía ser, no era bueno sino uno de los impostores más escandalosos o uno de los lunáticos más desesperados que jamás haya caminado sobre esta tierra.

Ahora, permítanme hacerles una pregunta a todos ustedes. La influencia de Jesús de Nazaret en la historia posterior ¿fue la influencia de un impostor? Solo alguien cuyo corazón está corrompido por la impostura y el fraude pensaría por un momento en afirmar eso. Déjenme hacerles una segunda pregunta. ¿Fue la influencia de Jesús de Nazaret en la historia posterior la influencia de un lunático? Solo un loco se atrevería a afirmar eso. Entonces, aquí estamos: Él no es un lunático, no es un impostor; entonces, sin lugar a dudas, Él es el Cristo, el Hijo de Dios, Dios manifestado en carne.

En cuarto lugar, sabemos que Jesús es el Cristo, el Hijo de Dios, por el poder divino que hoy despliega. Jesús mostró poder divino cuando estuvo aquí en la tierra. Mostró poder divino cuando calmó la tempestad y calmó las olas con Su palabra, diciendo: ¡Cálmate, sosiégate!, y hubo una gran calma. Mostró poder divino cuando llamó de la tumba a Lázaro, que había estado muerto cuatro días, y Lázaro salió. Mostró poder divino cuando convirtió el agua en vino. Mostró poder divino cuando alimentó a cinco mil hombres además de mujeres y niños, con cinco panes pequeños y dos peces pequeños y le sobró más cuando terminó que cuando comenzó, lo cual fue un acto de creación.

Una y otra vez mostró poder divino cuando estuvo aquí en la tierra. Pero no necesitamos retroceder tanto en la historia de Su vida sobre la tierra, hace más de dos mil años, para encontrarlo desplegando poder divino. Él muestra poder divino hoy. Él resucita a los muertos hoy. Él resucita a hombres y mujeres muertos en delito y pecado, los resucita a la vida espiritual, al poder y a la victoria. Hace algo mucho más maravilloso que convertir el agua en vino. Él convierte a los pecadores ultrajantes en santos gloriosos.

Convirtió a Jerry McAuley, un miserable y despreciable ladrón errante de botes, recluso de la prisión Sing Sing, y lo hizo ser Jerry McAuley, el apóstol de la vida para los marginados de Nueva York. Era tan honrado cuando murió en la misma ciudad donde había sido ladrón de aguas, que las mejores personas de Nueva York se reunieron por miles en su funeral para honrar su bendita memoria.

Jesucristo convirtió a Sam Hadley, fugitivo de la justicia con 138 denuncias de falsificación en su contra y vagabundo borracho sin remedio, en Sam Hadley, uno de los hombres más adorables y abnegado servidor de sus semejantes que jamás haya yo conocido. Lo conocí en Washington como invitado de honor en la casa del director general de correos de los Estados Unidos de América.

Jesucristo también cambió a William S. Jacoby, borracho a los nueve años, buscapleitos a los quince, criminal a los diecinueve y compañero de matones, delincuente en Omaha, dos veces dado de baja deshonrosamente del ejército regular. Fue invitado a unirse a la banda de Jesse James, y unánimemente elegido como jefe de una banda de bandidos en la Prisión Federal de Leavenworth, un tipo que iba por las calles de

Omaha disparando su revólver por la ventanilla de un taxi a todo lo que pasaba. Jesús convirtió a ese hombre en el reverendo William S. Jacoby, el hombre más amado de Chicago, el amigo más querido y verdadero que jamás tuve. Era el hombre más verdaderamente cristiano que jamás haya conocido.

Sí, y Él también me cambió a mí. No les diré qué era yo antes, pero me cambió liberándome de la esclavitud desesperada a la libertad gloriosa, y de la muerte terrible a la vida exultante. Sí, Jesús es seguramente el Cristo, el Hijo de Dios. No hay posibilidad de duda honesta e inteligente al respecto.

El resultado de creer que Jesús es el Cristo

Ahora hablemos el resultado de creer que Jesús es el Cristo, el Hijo de Dios. ¿Cuál será el resultado? Lean el texto nuevamente: *Estas se han escrito para que creáis que Jesús es el Cristo, el Hijo de Dios; y para que al creer, tengáis vida en su nombre.*

Primero, el resultado será que el que cree que Jesús es el Cristo, el Hijo de Dios, obtendrá vida eterna. Esto es todo lo que cualquiera necesita hacer para obtener la vida eterna, el mayor de todos los dones; toda la riqueza, el esplendor, el honor, la gloria y los placeres de este mundo son nada en comparación. Todo lo que cualquiera tiene que hacer para obtener este maravilloso regalo es creer que Jesús es el Cristo, el Hijo de Dios. Cualquiera puede tener vida eterna en un abrir y cerrar de ojos con solo creer que Jesús es el Cristo, el Hijo de Dios.

Lean el texto nuevamente: *Estas se han escrito para que creáis que Jesús es el Cristo, el Hijo de Dios; y para que al creer, tengáis vida en su nombre.* Luego noten este otro versículo: *Porque de tal manera amó Dios al mundo, que dio a su Hijo unigénito, para que todo aquel que cree en Él, no se pierda, mas tenga vida eterna* (Juan 3:16). Pueden ser borrachos, ladrones, malversadores o falsificadores. Pueden ser hombres o mujeres que han pasado por la desgracia del divorcio; pueden ser culpables o pueden ser blasfemos escandalosos. Puede que tengan una imaginación contaminada y un corazón podrido, o ser víctimas de las pasiones más bajas y viles que jamás hayan maldecido a un hombre o una mujer; ustedes pueden ser cualquiera o cualquier cosa. Pero crean que Jesús es el Cristo, el Hijo de Dios, y la vida eterna es instantáneamente de ustedes. Oh, cuántas veces he visto a hombres y mujeres de todo tipo, condición y nacionalidad recibir la vida eterna en un instante simplemente al creer que Jesús es el Cristo, el Hijo de Dios.

Por supuesto que su creencia debe ser fe real. La fe de la que habla Juan aquí no es una mera opinión intelectual. Juan nunca usa la palabra *fe* en ese sentido. Ningún hombre obtuvo jamás la vida eterna simplemente por tener una opinión ortodoxa de Jesús.

Cuando Jesús estuvo aquí en la tierra, los demonios tenían una opinión perfectamente ortodoxa sobre Él. Clamaron (incluso antes de que los hombres lo vieran y lo confesaran): *Yo sé quién eres: el Santo de Dios.* El diablo tiene una opinión perfectamente ortodoxa sobre Cristo. Él sabe, y demasiado bien como para sentirse cómodo con ello, que Jesús es el Cristo, el Hijo de Dios. No lo enseña, pero lo sabe. Consigue que los hombres enseñen que Jesús no es el Cristo, el Hijo de Dios, Dios verdadero de Dios verdadero, porque *es mentiroso y el padre de la mentira* (Juan 8:44). Hace que los hombres enseñen que Jesús es un hombre bueno, un gran ejemplo, pero no divino, y que Él no salva con el derramamiento de Su sangre sino con Su ejemplo y Su enseñanza, porque el diablo *es mentiroso y el padre de la mentira.*

Pero todo el tiempo el diablo sabe que Jesús es el Cristo, el Hijo de Dios. Sabe que algún día se verá obligado a doblar su rodilla ante Jesús y confesar *que Jesucristo es Señor, para gloria de Dios Padre* (Filipenses 2:11). Sí, el diablo cree en ese sentido que Jesús es el Cristo, el Hijo de Dios, pero esa creencia no lo salva de ir al fuego eterno preparado para él y sus ángeles. No, la fe que salva es la fe real, una fe de corazón. Como lo expresa Pablo en Romanos 10:9-10: *...si confiesas con tu boca a Jesús por Señor, y crees en tu corazón que Dios le resucitó de entre los muertos, serás salvo; porque con el corazón se cree para justicia, y con la boca se confiesa para salvación.*

¿Qué es la fe del corazón, la fe real, la fe salvadora, la fe que da vida eterna? La fe del corazón, la fe real, la fe salvadora, la fe que da vida eterna es la fe que no solo ilumina la mente, sino que también gobierna la voluntad, los sentimientos y la conducta. Es la fe la que lleva a la acción de acuerdo con la verdad creída. Creer con el corazón que Jesús es el Cristo, el Hijo de Dios, los llevará a actuar de acuerdo con el hecho de que Jesús es el Cristo, el Hijo de Dios.

La palabra *Cristo* es en realidad una palabra griega y significa "Ungido". Significa exactamente lo mismo que la palabra hebrea *Mesías*, que significa "Rey Ungido". Creer con el corazón que Jesús es el Cristo los llevará a entronizar a Jesús como Rey en sus corazones y a entregarle todo el control y la conducta de sus vidas. Creer con el corazón que Jesús es el Hijo de Dios los llevará a entregar cada pensamiento a Su control, de modo que si todo el mundo de la erudición alemana, la erudición inglesa, la erudición escocesa y la erudición estadounidense dijeran una cosa y el Señor Jesús dijera otra, creerían a Jesús frente a toda la multitud.

Si el gran decano Shailer Mathews tan ampliamente respetado, y el erudito profesor Case y todo un grupo de supuestos eruditos, algunos con más títulos detrás de sus nombres que verdadero sentido común en sus cabezas y humildad en sus corazones, dijeran una cosa y Jesucristo dijera otra cosa, yo creería en el glorioso Hijo de Dios frente a toda la jauría presuntuosa pero lamentable. Y si ustedes creen con sus corazones que

Jesús es el Cristo, el Hijo de Dios, lo aceptarán como su divino Salvador. Él compró el perdón para ustedes al morir en su lugar en la cruz, porque eso es lo que dijo que hizo (Mateo 20:28), y por Su poder de resurrección, Él puede liberarles del poder del pecado hoy, porque eso es lo que Él ofrece hacer (Juan 8:34-36).

Una vez más, si creen que Jesús es el Cristo, el Hijo de Dios, se postrarán ante Él y lo honrarán, así como honran a Dios Padre. Lo adorarán como la persona divina que dice ser y que saben que es. Harán lo que hizo Tomás cuando finalmente, después de muchas dudas, fue llevado a la fe para creer que Jesús era el Cristo, el Hijo de Dios, al ver al Cristo resucitado. Ustedes también caerán de rodillas y mirarán Su bendito, glorioso y divino rostro y clamarán: "Señor mío y Dios mío", y obtendrán la vida eterna en el momento en que lo hagan. ¿Lo harán ahora?

Capítulo 13

¿A quién le creeremos?
¿A Dios, o al hombre?

Entonces ¿qué? Si algunos fueron infieles, ¿acaso su infidelidad anulará la fidelidad de Dios? ¡De ningún modo! Antes bien, sea hallado Dios veraz, aunque todo hombre sea hallado mentiroso (Romanos 3:3-4)

Lo que digo ahora salvará a algunos, los salvará eterna y gloriosamente. Pero por desgracia, también conducirá a la perdición y destrucción eterna de otros. Salvará a algunos porque escucharán la verdad y, como resultado de escuchar atenta y sinceramente darán hoy los pasos que los conducirán a su salvación, aquí y ahora. Sin embargo, lo que digo también conducirá a la perdición y destrucción eterna de otros porque no escucharán la verdad, sino que endurecerán sus corazones contra ella y la rechazarán. Por lo tanto, este mismo sermón que podría haberles salvado si lo hubieran tomado en serio, les pondrá en peligro en el día del juicio. Observar la verdad salva, y rechazar la verdad condena. Nuestro Señor Jesús dice en Juan 12:48: *El que me rechaza y no recibe mis palabras, tiene quien lo juzgue; la palabra que he hablado, esa lo juzgará en el día final.*

Y la verdad que traigo tiene un peculiar poder salvador si tan solo la toman en serio, la creen y la obedecen. También tiene un poder peculiar para traer condenación, perdición y destrucción a aquellos que se niegan a escucharla y por lo tanto, la rechazan.

Mi tema es: "¿A quién le creemos? ¿A Dios, o al hombre?". Encontrarán mi texto en Romanos 3:3-4: *Entonces ¿qué? Si algunos fueron infieles, ¿acaso su infidelidad anulará la fidelidad de Dios? ¡De ningún modo! Antes bien, sea hallado Dios veraz, aunque todo hombre sea hallado mentiroso.*

La Palabra de Dios es mejor que la del hombre

Vivimos en una época en la que las personas están dispuestas a poner gran fe en lo que dice alguien, especialmente en lo que dicen los eruditos, pero muy poca fe o nada de fe en lo que dice Dios. Un gran hombre de ciencia anuncia un descubrimiento y no importa cuán sorprendente o incluso increíble pueda parecer ese descubrimiento, no importa cuánto haya en él que no podamos comprender, lo creemos de inmediato. Pero si un hombre encuentra algo en la Palabra de Dios que es contrario a sus nociones preconcebidas, fuera de su propia experiencia, que no puede entender, o algo que por una razón u otra parece increíble a primera vista, lo descarta de inmediato. Díganle a la gente lo que dicen los grandes hombres y lo aceptarán de inmediato. Díganle a la gente lo que dice la Biblia y se harán los sabios, se encogerán de hombros y dirán: "Sí, pero no lo creo. Esto es lo que pienso". Y, sin embargo, díganles lo que dice algún gran científico, algún importante crítico literario o algún predicador brillante pero errático, y pensarán que es palabra cierta y que así debe ser. ¡Qué absoluta tontería!

¿A quién le creeremos? ¿A Dios, o al hombre?

La opinión del científico más grande que jamás haya existido, del filósofo más grande, del más estudiado erudito hebreo o griego, o del orador más brillante, no tiene valor alguno contra la Palabra del Dios infinitamente sabio y eternamente veraz, ni contra la Palabra del Dios *que no puede mentir* y nunca se equivoca. La opinión de todos los sabios de la tierra no tiene ningún peso contra la Palabra de Dios. Una breve frase de la certera Palabra de Dios vale más que volúmenes enteros de vanas especulaciones del ser humano: ...*sea hallado Dios veraz, aunque todo hombre sea hallado mentiroso*. El hombre que cree en cualquier hombre antes de creer en Dios es un tonto. El hombre que cree en cualquier grupo de hombres antes de creer en Dios es un tonto. El hombre que cree en Dios antes de creer en el mundo entero es un hombre verdaderamente sabio.

La Biblia es la Palabra de Dios. Esto puede demostrarse con muchas pruebas irrefutables. Lo he demostrado una y otra vez desde esta plataforma. Durante veinte siglos y más, las opiniones de científicos y filósofos han ido y venido y se consideran hoy como la sabiduría definitiva y absoluta, pero serán consideradas como absoluta locura mañana. Pero las enseñanzas de este Libro se han mantenido firmes en medio de los escombros de siglos de pensamiento del hombre. La experiencia de veinte siglos demuestra que el hombre que confía en la Biblia es sabio. El hombre que tira la Biblia por la borda en cualquier momento y recurre a cualquier otra fuente de "luz y guía" siempre se equivoca. Siempre se ha equivocado durante veinte siglos; siempre se equivocará durante todos los siglos venideros. El hombre verdaderamente sabio es el que siempre cree en este Libro antes que en cualquier ser humano científico, filósofo, erudito literario, o en cualquier consejo de teólogos, o congreso de filósofos e intelectuales. Si la Biblia dice una cosa y cualquier persona de la tierra dice otra, el verdaderamente sabio dirá: ...*sea hallado Dios veraz, aunque todo hombre sea hallado mentiroso*.

Puntos de diferencia entre Dios y los grandes hombres

Permítanme llamar su atención sobre algunos puntos en los que difieren muchos grandes hombres y Dios.

La existencia de un demonio que es persona
En primer lugar, muchos grandes hombres y eruditos difieren con Dios en cuanto a la existencia de un demonio que es persona. Un gran número de hombres en nuestros días, incluyendo algunos grandes pensadores e incluso algunos teólogos de gran reputación, se ríen de la sola idea de que exista una persona llamada el diablo. Muchos han dicho: "No hay más diablo que el pecado". Y la señora Mary Baker Eddy, que tiene muchos seguidores entre quienes hay muchas personas inteligentes y cultas, ridiculiza la idea de un demonio como persona. Eso es lo que dicen muchos: muchos lo dicen, muchos a quienes usted y yo estaríamos dispuestos a escuchar sobre muchos temas dicen: "No existe el demonio como persona".

¿Qué dice Dios? Busquen en la Biblia Efesios 6:11-12 y verán por sí mismos exactamente lo que dice Dios: *Revestíos con toda la armadura de Dios para que podáis estar firmes contra las insidias del diablo. Porque nuestra lucha no es contra sangre y carne, sino contra principados, contra potestades, contra los poderes de este mundo de tinieblas, contra las huestes espirituales de maldad en las regiones celestiales.*

Cuatro versículos más adelante, Dios dice: *...tomando el escudo de la fe con el que podréis apagar todos los dardos encendidos del maligno* (Efesios 6:16). No del mal, fíjense, sino *del maligno*.

Ahora, vayamos a 1 Pedro 5:8, donde verán nuevamente lo que dice Dios: *Sed de espíritu sobrio, estad alerta. Vuestro adversario, el diablo, anda al acecho como león rugiente, buscando a quien devorar.* No puede haber dudas sobre el significado de estas palabras para cualquiera que las lea con el propósito de descubrir lo que pretendían enseñar, y no simplemente con el propósito de distorsionarlas y torcerlas para que se ajusten a sus propias ideas preconcebidas.

Entonces vemos que Dios dice en los términos más inequívocos que existe un diablo como persona. Además, Dios dice que el diablo es un ser de tal astucia y gran poder que es más que rival para ustedes o para mí, y que está todo el tiempo tramando para lograr nuestra destrucción. ¿Tiene Dios razón en esto? ¿O tienen razón la señora Eddy y los demás, que niegan la existencia de un demonio como persona? Dios tiene la razón al respecto. Dios siempre tiene razón; cualquier hombre o mujer que difiere de Dios siempre estará equivocado.

Cuando creen que no existe el diablo sino solo sus propios pecados, no son más que individuos profundamente engañados; el mismo diablo que ustedes no creen que exista los ha engañado, y lo ha hecho para destruirlos. Un enemigo en emboscada es un enemigo particularmente peligroso. Y un demonio que ha persuadido a la gente de que no existe en absoluto es un demonio particularmente peligroso. No hay clase de personas que caigan tan fácilmente presa de la sutileza del diablo como aquellas que no creen que exista el diablo. Muéstrenme un hombre o una mujer que no crea que existe el diablo y les mostraré, cada vez, a un hombre o una mujer a quien el diablo ha cegado; los está engañando en lo que hace.

Juicio futuro

En segundo lugar, muchos hombres difieren de Dios en cuanto a un juicio futuro. Muchos no creen que vaya a haber un juicio futuro. Díganles a muchos hoy que se acerca el tiempo en que comparecerán ante el tribunal de Dios, con Su ojo santo que todo lo ve, traspasándolos de principio a fin, y que responderán ante Él por todas las obras que hayan hecho en el cuerpo y todas las palabras que pronunciaron en esta vida presente, y se reirán de ustedes con desprecio. Pero ¿qué dice Dios? Vayan a Hechos 17:30-31 y lean lo que dijo a través de Pablo a un grupo de filósofos epicúreos y estoicos reunidos en el histórico Areópago: *Dios declara ahora a todos los hombres, en todas partes, que se arrepientan, porque Él ha establecido un día en el cual juzgará al mundo en justicia, por medio de un Hombre a quien ha designado, habiendo presentado pruebas a todos los hombres al resucitarle de entre los muertos.*

Vayan a Romanos 14:12 y lean lo que Dios dice al respecto: *De modo que cada uno de nosotros dará a Dios cuenta de sí mismo.*

Vayan a 2 Corintios 5:10 y lean lo que Dios dice: *Porque todos nosotros debemos comparecer ante el tribunal de Cristo, para que cada uno sea recompensado por sus hechos estando en el cuerpo, de acuerdo con lo que hizo, sea bueno o sea malo.*

Vayan a Mateo 12:36 y lean lo que Dios dice: *Y yo os digo que de toda palabra vana que hablen los hombres, darán cuenta de ella en el día del juicio.* ¿Puede haber algo más claro que la Palabra de Dios sobre este punto? ¿Dice Dios la verdad?, ¿o tienen razón estos señores eruditos que difieren con Dios? Dios tiene razón y estos hombres que difieren con Dios están equivocados. Dios siempre tiene la razón y los hombres siempre se equivocan cuando difieren con Dios. Hay una cosa que es segura respecto al futuro. Es seguro que habrá un día del juicio final. No es seguro que ustedes o yo vivamos un día más.

Anteayer vi a uno de mis vecinos caminando por la calle. Esta mañana, justo antes de que yo viniera aquí, entró otro vecino y me dijo que ese vecino murió anoche a las diez menos diez. No es seguro que haya otras elecciones, ni otra Navidad, no es seguro que nos aguarden tiempos de paz o tiempos de gran conflicto. No es seguro cuál será el resultado de la gran Conferencia de Paz que se celebrará en Washington, en la que se centra la atención de la mayor parte del mundo civilizado. Pero lo cierto es que habrá un día del juicio final. Es seguro que ustedes y yo compareceremos ante el tribunal de Cristo para dar cuenta de las obras realizadas en el cuerpo y de las palabras dichas en esta vida. Es absolutamente seguro que *cada uno de nosotros dará cuenta de sí mismo a Dios*.

Diferencias sobre el infierno

En tercer lugar, muchas personas, incluyendo a los que el mundo considera sabios, difieren con Dios en cuanto al infierno. Hay muchos hoy en día que no creen que habrá ningún infierno en el mundo venidero. Muchos de los que son capaces y eruditos dicen: "No hay infierno, excepto el infierno que el hombre se crea en esta vida, el infierno de su propia conciencia atormentada y el infierno de los problemas que surgen de sus propias malas acciones".

Una mujer inteligente me dijo hace un tiempo: "Pero señor Torrey, usted no cree en el infierno, ¿o sí?".

No se trata de lo que creo, sino de lo que Dios dice. ¿Qué dice Dios? Vayan a Mateo 5:29-30: *Y si tu ojo derecho te es ocasión de pecar, arráncalo y échalo de ti; porque te es mejor que se pierda uno de tus miembros, y no que todo tu cuerpo sea arrojado al infierno. Y si tu mano derecha te es ocasión de pecar, córtala y échala de ti; porque te es mejor que se pierda uno de tus miembros, y no que todo tu cuerpo vaya al infierno*.

Luego vayan a Lucas 12:4-5 y lean lo que Dios dice: *Y yo os digo, amigos míos: no temáis a los que matan el cuerpo, y después de esto no tienen nada más que puedan hacer. Pero yo os mostraré a quién debéis temer: temed al que, después de matar, tiene poder para arrojar al infierno; sí, os digo: a este, ¡temed!*

Vayan al último libro de la Biblia y en Apocalipsis, capítulo 21, lean lo que Dios dice: *Pero los cobardes, incrédulos, abominables, asesinos, inmorales, hechiceros, idólatras y todos los mentirosos tendrán su herencia en el lago que arde con fuego y azufre, que es la muerte segunda* (Apocalipsis 21:8).

Hay muchos que sí creen que habrá un infierno futuro, pero

no creen que será eterno. Muchos me dicen: "No crees en el castigo eterno, ¿verdad?". Una vez más, digo, no se trata de lo que yo creo o de lo que ustedes creen, sino de lo que Dios dice.

Lean Mateo 25:41: *Entonces dirá también a los de su izquierda: "Apartaos de mí, malditos, al fuego eterno que ha sido preparado para el diablo y sus ángeles"*. Comparen eso con Apocalipsis 20:10, donde se nos habla definitivamente sobre el fuego que está preparado para el diablo y sus ángeles y sobre su duración. Esto es lo que leemos: *Y el diablo que los engañaba fue arrojado al lago de fuego y azufre, donde también están la bestia y el falso profeta* [en el versículo siguiente al final del capítulo anterior comparado con el anterior versículo de este capítulo, se nos dice que la bestia y el falso profeta ya habían estado allí mil años], *y serán atormentados día y noche por los siglos de los siglos.*

Apocalipsis 14:9-11 dice: *Si alguno adora a la bestia y a su imagen, y recibe una marca en su frente o en su mano, él también beberá del vino del furor de Dios, que está preparado puro en el cáliz de su ira; y será atormentado con fuego y azufre delante de los santos ángeles y en presencia del Cordero. Y el humo de su tormento asciende por los siglos de los siglos; y no tienen reposo, ni de día ni de noche, los que adoran a la bestia y a su imagen, y cualquiera que reciba la marca de su nombre.*

Volvamos una vez más a Apocalipsis 20:15, donde se nos dice claramente lo que sucederá en el juicio del gran trono blanco al final del milenio: *Y el que no se encontraba inscrito en el libro de la vida fue arrojado al lago de fuego.*

¿Están sus nombres escritos en el Libro de la Vida? Si no es así, deberían apresurarse porque se inscriban hoy mismo, o pasarán una eternidad infinita en el infierno. No lo digo como mi propia opinión: lo declaro como la palabra de Dios claramente expuesta en Su Libro.

Futura suspensión del juicio a prueba
En cuarto lugar, no son pocos los sabios — según el mundo considera sabiduría — y teólogos destacados que difieren con Dios acerca de una futura suspensión del juicio a prueba. Hay muchos hombres, a menudo aquellos que el mundo considera muy sabios, que dicen con gran confianza que si los hombres no se arrepienten de sus pecados y aceptan a Jesucristo ahora en esta vida, tendrán otra oportunidad de arrepentirse y volverse a Cristo después de haber muerto. Yo mismo solía creer eso. Pero ¿qué dice Dios?

Vayan a Juan 8:21 y lean ustedes mismos lo que Dios dice a través de los labios de Su Hijo, quien pronunció las mismas palabras de Dios: *Yo me voy, y me buscaréis, y moriréis en vuestro pecado; adonde yo voy, vosotros no podéis ir*. Aquí el Señor Jesús estaba hablando por Dios; declaró en el lenguaje más sencillo que *si los hombres mueren en su pecado, no pueden ir a donde Él va*.

Vayan a Hebreos 9:27 y lean lo que Dios dice: *Y así como está decretado que los hombres mueran una sola vez, y después de esto, el juicio*. En estas palabras, Dios declara claramente que lo que viene después de la muerte no es otra prueba, sino el juicio. Si todavía tienen alguna duda sobre lo que Dios dice sobre este punto, vayan a 2 Corintios 5:10: *Porque todos nosotros debemos comparecer ante el tribunal de Cristo, para que cada uno sea recompensado por sus hechos estando en el cuerpo, de acuerdo con lo que hizo, sea bueno o sea malo*. Aquí se nos dice claramente que la base del juicio serán *las cosas hechas en el cuerpo*, las cosas hechas antes de dejar esta vida presente, las cosas hechas mientras todavía estamos en este cuerpo físico, las cosas hechas de este lado de la tumba. Y aquí nuevamente Dios tiene razón. Dios siempre tiene razón, y cualquier ser humano que difiere con Dios siempre estará equivocado.

El camino de la salvación

En quinto lugar, son muchos— incluidos algunos de los pensadores y escritores más brillantes — los que difieren con Dios en cuanto al camino de la salvación. Muchos dicen que si uno vive una buena vida moral, será salvo. Afirman que se puede ser judío, musulmán, budista o cristiano; mientras se sea sincero, e igualmente será salvo. Creen que ningún ser humano se perderá simplemente porque no creyó en Jesucristo y no lo confesó ante el mundo.

Cuando vivía en Chicago, un predicador que tenía una gran reputación por su capacidad y que afirmaba ser cristiano dijo poco después de la muerte del coronel Robert Ingersoll: "El cielo o cualquier buen país dará la bienvenida a un hombre como el coronel Ingersoll".

Y los incrédulos aplaudieron cuando lo dijo y exclamaron: "Qué predicador tan liberal". Supongo que este predicador cristiano se sintió muy complacido de recibir el aplauso de los enemigos declarados de Jesucristo.

Pero ¿qué dice Dios? Vayamos a las palabras del Señor Jesús en Juan 14:6: *Yo soy el camino, y la verdad, y la vida; nadie viene al Padre sino por mí.*

Hechos 4:12 dice: *Y en ningún otro hay salvación, porque no hay otro nombre bajo el cielo dado a los hombres, en el cual podamos ser salvos.*

Vayamos a Juan 3:18: *El que cree en Él no es condenado; pero el que no cree, ya ha sido condenado, porque no ha creído en el nombre del unigénito Hijo de Dios.*

Ahora, lean Juan 3:36: *El que cree en el Hijo tiene vida eterna; pero el que no obedece al Hijo no verá la vida, sino que la ira de Dios permanece sobre él.*

Vayan a Romanos 10:9-10: *...que si confiesas con tu boca a Jesús por Señor, y crees en tu corazón que Dios le resucitó de* *entre los muertos, serás salvo; porque con el corazón se cree para justicia, y con la boca se confiesa para salvación.*

Vayamos a las palabras del Señor Jesús mismo en Mateo 10:32-33: *Por tanto, todo el que me confiese delante de los hombres, yo también le confesaré delante de mi Padre que está en los cielos. Pero cualquiera que me niegue delante de los hombres, yo también lo negaré delante de mi Padre que está en los cielos.* Cualquiera que desee saber lo que realmente dice la Palabra de Dios no puede confundir el significado de estas palabras.

Entrar al reino de Dios

En sexto lugar, muchos de los que son pensantes y reflexivos, incluyendo a no pocos profesores de colegios, universidades y seminarios teológicos metodistas y otros profesamente cristianos, difieren con Dios en cuanto a las condiciones requeridas para entrar en el reino de Dios. Muchos dicen que la manera de entrar en el reino de Dios es llevar una vida recta, tratar bien a la esposa y a los hijos, ser honesto en los negocios, ser amable con los pobres, practicar el evangelio social, y así sucesivamente. Otros dicen que la manera de entrar al reino de Dios es siendo bautizado, uniéndose a la iglesia, participando de la Comunión, leyendo la Biblia, diciendo las oraciones, confesándose y haciendo otras obras religiosas. Otros dicen que la manera de entrar en el reino de Dios es tener una buena ascendencia, ser criados cuidadosamente y bien educados en escuelas y colegios cristianos. Pero ¿qué dice Dios?

Vayan a Juan 3:3-5 y verán exactamente lo que Dios dice. *Respondió Jesús y le dijo: En verdad, en verdad te digo que el que no nace de nuevo no puede ver el reino de Dios... Jesús respondió: En verdad, en verdad te digo que el que no nace de agua y del Espíritu no puede entrar en el reino de Dios.*

Ahora lean Tito 3:5: *Él nos salvó, no por obras de justicia que nosotros hubiéramos hecho, sino conforme a su misericordia, por medio del lavamiento de la regeneración y la renovación por el Espíritu Santo.* Dios dice que la única manera de entrar al reino y ser salvo es nacer de nuevo, convertirnos en una nueva creación a través del poder del Espíritu Santo dentro de nosotros.

El momento de arrepentirse y aceptar a Cristo

En séptimo lugar, muchos difieren con Dios respecto del mejor momento para arrepentirse y aceptar a Cristo. Muchos de ustedes discrepan con Dios en esto. Muchos dicen que algún día habrá un mejor momento que hoy para arrepentirse de sus pecados, volverse a Jesucristo y confesar a Cristo ante el mundo. Muchos de ustedes lo dicen, o lo piensan si en realidad no lo dicen, o lo actúan si no lo piensan con tal definición. Pero ¿qué dice Dios? Lean 2 Corintios 6:2: *He aquí, ahora es el tiempo propicio; he aquí, ahora es el día de salvación.*

Hebreos 3:7 nos dice que *como dice el Espíritu Santo: Si oís hoy su voz.*

Lean Proverbios 27:1: *No te jactes del día de mañana, porque no sabes qué traerá el día.*

Proverbios 29:1 dice: *El hombre que después de mucha reprensión endurece la cerviz, de repente será quebrantado sin remedio.* Félix, el gran gobernador romano de la antigüedad, pensó que habría una *temporada más conveniente* y la esperó, pero nunca la encontró. Por eso pasará la eternidad en el infierno.

Estas son algunas de las cosas que dicen los seres humanos, y algunas de las cosas que dice Dios. ¿Cuál creerán? Coincido con Pablo: *Sea hallado Dios veraz, aunque todo hombre sea hallado mentiroso.*

Incluso tal vez alguien de los que están aquí diga: "Pero no creo que la Biblia sea la Palabra de Dios". Amigo mío, ¿se te ha ocurrido alguna vez que dudar de un hecho no lo altera? ¿Se te ha ocurrido alguna vez que el hecho de que no creas que la

¿A quién le creeremos? ¿A Dios, o al hombre?

Biblia sea la Palabra de Dios no altera en lo más mínimo el hecho plenamente probado de que la Biblia es la Palabra de Dios? En el momento de la rebelión de los bóxers en China, algunos de los bóxers no creían que pudieran morir a balazos. Pensaban que sus encantamientos y extraños ritos los hacían invulnerables. Estos hombres eran muy honestos y completamente sinceros acerca de esta creencia. Un oficial del ejército chino les exigió que demostraran su sinceridad haciendo fila para que sus soldados pudieran dispararles. Ellos inmediatamente aceptaron; fueron muy sinceros. Se alinearon y se enfrentaron sin miedo al pelotón de fusilamiento. Los soldados chinos dispararon y los bóxers cayeron muertos. Sus dudas sobre el poder de las balas para matarlos no alteraron el hecho.

La duda de ustedes de que la Biblia sea la Palabra de Dios no altera el hecho ni un ápice. Supongamos por un momento que la Biblia resulta ser la Palabra de Dios. Deben admitir que existe al menos una posibilidad de que la Biblia sea la Palabra de Dios. Deben admitir que los hombres y mujeres que realmente viven más cerca de Dios y conocen mejor a Dios creen que la Biblia es la Palabra de Dios. Supongamos que esto resulta ser cierto. ¿Dónde quedarán ustedes? En un lugar de maldición. Y allí es exactamente donde seguirán si continúan dudando de la Palabra de Dios y rechazando al Hijo de Dios, escuchando la voz de los seres humanos en lugar de la voz de Dios.

Dios dice que hay un diablo y que ustedes necesitan la ayuda de Cristo contra su astucia y poder. Dios dice que hay un juicio futuro y que todos debemos presentarnos ante el tribunal de Cristo para recibir las cosas hechas en el cuerpo. Dios dice que existe un infierno y que es un lugar de tormento donde todos los que rechacen a Cristo en esta vida pasarán la eternidad. Dios dice que no hay futura suspensión del juicio, que las cuestiones de la eternidad se resuelven en esta vida. Dios dice que solo hay una manera de ser salvos: aceptar a Jesucristo como nuestro

Salvador, entregarnos a Él como nuestro Señor y confesarlo como tal ante el mundo. Dios dice que la única manera de entrar al reino de Dios es naciendo de nuevo por el poder del Espíritu Santo y aceptando al Señor Jesucristo. Dios dice que el mejor momento para aceptar a Cristo y ser salvo es ahora.

He aquí, ahora es el tiempo propicio
(2 Corintios 6:2).

Como dice el Espíritu Santo... hoy (Hebreos 3:7).

No te jactes del día de mañana, porque no sabes qué traerá el día (Proverbios 27:1).

El hombre que después de mucha represión endurece la cerviz, de repente será quebrantado sin remedio (Proverbios 29:1).

¿Quién se apartará del pecado y la incredulidad y se volverá a Cristo ahora mismo?

Reuben A. Torrey – Una breve biografía

Reuben A. Torrey fue autor, conferencista, pastor, evangelista, decano de un instituto bíblico y más. Reuben Archer Torrey nació en Hoboken, Nueva Jersey, el 28 de enero de 1856. Se graduó de la Universidad de Yale en 1875 y de la Yale Divinity School en 1878, cuando se convirtió en pastor de una iglesia congregacional en Garrettsville, Ohio. Torrey se casó con Clara Smith en 1879, con quien tuvo cinco hijos.

En 1882 viajó a Alemania, donde estudió en las universidades de Leipzig y Erlangen. Al regresar a los Estados Unidos, R. A. Torrey fue pastor en Minneapolis y también estuvo a cargo de la Sociedad Congregacional Misionera de la Ciudad. En 1889, D. L. Moody llamó a Torrey para que dirigiera su Sociedad de Evangelización de Chicago, que más tarde se convirtió en el

Instituto Bíblico Moody. A partir de 1894, Torrey también fue pastor de la Iglesia de la Avenida Chicago, que más tarde se llamó Iglesia Memorial Moody. Fue capellán de la Asociación Cristiana de Jóvenes (YMCA, por sus siglas en inglés) durante la Guerra Hispanoamericana y también fue capellán durante la Primera Guerra Mundial.

Torrey viajó por todo el mundo liderando giras de evangelización, predicando a los no salvos. Se cree que más de cien mil personas fueron salvas gracias a su predicación. En 1908, ayudó a iniciar la Conferencia Bíblica de Montrose en Pensilvania, que continúa en la actualidad. Se convirtió en decano del Instituto Bíblico de Los Ángeles (ahora Universidad de Biola) en 1912 y fue pastor de la Iglesia de la Puerta Abierta en Los Ángeles de 1915 a 1924.

Torrey continuó hablando por todo el mundo y celebrando conferencias bíblicas. Murió en Asheville, Carolina del Norte, el 26 de octubre de 1928.

R. A. Torrey fue un evangelista y ganador de almas muy activo, hablando a la gente dondequiera que iba, en público y en privado, acerca de sus almas, buscando llevar a los perdidos a Jesús. Fue autor de más de cuarenta libros, entre ellos *Cómo orar*; *Cómo estudiar la Biblia para un mayor benificio*; *Sanidad divina*; *¿Realiza Dios milagros hoy?* y *¿Por qué Dios usó a D. L. Moody?* Además, ayudó a editar el libro de doce volúmenes sobre los fundamentos de la fe, titulado *The Fundamentals*. También era conocido como un hombre de oración y sus enseñanzas, predicaciones, escritos y toda su vida demostraron que caminaba en estrecha realción con Dios.

Otros libros publicados
por Aneko Press

ANEKO
PRESS

Jesús Vino Para Salvar a los Pecadores,
por Charles H. Spurgeon

Jesús vino a salvar a los Pecadores es una conversación de corazón a corazón con el lector. A través de sus páginas, se examina y se trata debidamente cada excusa, cada razón y cada obstáculo para no aceptar a Cristo. Si crees que eres demasiado malo, o si tal vez eres realmente malo y pecas abiertamente o a puerta cerrada, descubrirás que la vida en Cristo también es para ti. Puedes rechazar el mensaje de salvación por la fe, o puedes elegir vivir una vida de pecado después de decir que profesas la fe en Cristo, pero no puedes cambiar la verdad de Dios tal como es, ni para ti ni para los demás. Este libro te lleva al punto de decisión, te corresponde a ti y a tu familia abrazar la verdad, reclamarla como propia y ser genuinamente liberado para ahora y para la eternidad. Ven, y abraza este regalo gratuito de Dios, y vive una vida victoriosa para Él.

Disponible donde se venden libros

Cómo Estudiar la Biblia, por Dwight L. Moody

No hay ninguna circunstancia en la vida para la que no puedas encontrar alguna palabra de consuelo en las Escrituras. Si estás en aflicción, si estás en adversidad y prueba, hay una promesa para ti. En la alegría y en la tristeza, en la salud y en la enfermedad, en la pobreza y en la riqueza, en toda condición de la vida, Dios tiene una promesa guardada en Su Palabra para ti.

Este libro clásico de Dwight L. Moody trae a la luz la necesidad de estudiar las Escrituras, presenta métodos que ayudan a estimular el entusiasmo por las Escrituras, y ofrece herramientas para ayudarte a comprender los pasajes difíciles de las Escrituras. Para vivir una vida cristiana victoriosa, debes leer y entender lo que Dios te dice. Moody es un maestro en el uso de historias para ilustrar lo que está diciendo, y a través de estas páginas, tú serás inspirado y convencido a buscar la verdad en las páginas de la Palabra de Dios.

Disponible donde se venden libros

El Deber de los Padres, por J. C. Ryle

En *El deber de los padres*, J. C. Ryle presenta diecisiete responsabilidades sencillas y a la vez profundas de los padres cristianos. No hay nada nuevo en este pequeño volumen, pero lo que se presenta tiene el potencial de cambiar las generaciones futuras tanto ahora como para la eternidad. Aprenda a pastorear a sus hijos; aprenda a utilizar la clave más significativa de todas: el amor; y aprenda, ante todo, a presentar y representar a Cristo ante sus hijos. A medida que lea este libro, se encontrará desafiado y entusiasmado para comenzar una relación maravillosa, apropiada y creciente con el regalo más maravilloso que Dios puede darnos en nuestra vida: nuestros queridos hijos.

Disponible donde se venden libros

Siguiendo a Cristo, por Charles H. Spurgeon

No puedes tener a Cristo si no Le sirves. Si aceptas a Cristo, debes aceptarlo en todas sus cualidades. No debes aceptarlo simplemente como un amigo, sino que también debes aceptarlo como tu Maestro. Si vas a convertirte en Su discípulo, también debes convertirte en Su siervo. Que Dios no permita que nadie luche contra esta verdad. Servir a nuestro Señor es ciertamente una de nuestras mayores delicias en la tierra, y ésta será nuestra gozosa vocación incluso en el mismo cielo: *Sus siervos le servirán. Ellos verán su rostro* (Apocalipsis 22:3-4).

Charles H. Spurgeon escribió originalmente este libro para los miembros de la Young People's Society of Christian Endeavor [Sociedad de Jóvenes de Acción Cristiana]. El estilo de escritura sincero de Spurgeon hace que este libro siga animando a los creyentes a dedicarse a la acción cristiana. Enfatiza el hecho de seguir adelante, utilizando los talentos y recursos que ya tienes a tu disposición, para el servicio al Señor y tu propia recompensa eterna. Los conceptos presentados son fáciles de entender y directos, si tan sólo estás dispuesto a entregar tu vida para seguir a Cristo.

Disponible donde se venden libros

La Vida Vencedora, por Dwight L. Moody

Vence a tu mayor enemigo: tú mismo

¿Eres de los que vencen? ¿O hay pequeños pecados que te acosan y te derrotan? O peor, ¿fallas en tu andar cristiano porque te niegas a admitirlos y ocuparte de ellos? Ningún cristiano puede darse el lujo de desoír el llamado a vencer. El costo terrenal es menor. Pero la recompensa eterna es inconmensurable.

Dwight L. Moody es un maestro en esto de desenterrar lo que nos perturba. Utiliza relatos y sentido del humor para sacar a la luz los principios esenciales de la vida cristiana exitosa. Nos muestra cada uno de los aspectos de la victoria desde un ángulo práctico y fácil de entender. La solución que Moody presenta para nuestros problemas no es la religión, ni las reglas, ni las correcciones externas. Más bien, nos lleva al corazón del asunto y prescribe remedios bíblicos, dados por Dios, para la vida de todo cristiano. Prepárate para vivir en auténtica victoria en el presente, y en el gozo para la eternidad.

Disponible donde se venden libros

Donando por Alianza Pasion
Escribenos una para unirse
a el estudio de Biblico de CLI
PO Box 97095 Raleigh NC 27624